商业新突破
万利连锁

马瑞光/著

New Business Breakthrough
Chain of High Profits

中华工商联合出版社

图书在版编目（CIP）数据

商业新突破：万利连锁 / 马瑞光著. -- 北京：中华工商联合出版社，2020.2
ISBN 978-7-5158-2662-2

Ⅰ. ①商… Ⅱ. ①马… Ⅲ. ①连锁企业－零售企业－企业经营管理 Ⅳ. ①F717.6

中国版本图书馆 CIP 数据核字（2019）第 278158 号

商业新突破：万利连锁

作　　者：马瑞光
策划编辑：于建廷
项目支持：长尾研究社
责任编辑：于建廷　效慧辉
责任审读：付德华
营销总监：姜　越　闫丽丽
营销企划：阎　晶　徐　涛　司小拽
销售推广：赵玉麟　王　静
封面设计：周　源
责任印制：迈致红
出　　版：中华工商联合出版社有限责任公司
发　　行：中华工商联合出版社有限责任公司
印　　刷：唐山富达印务有限公司
版　　次：2020 年 2 月第 1 版
印　　次：2020 年 2 月第 1 次印刷
开　　本：710mm × 1000 mm 1/16
字　　数：200 千字
印　　张：14.5
书　　号：ISBN 978-7-5158-2662-2
定　　价：58.00 元

服务热线：010-58301130
销售热线：010-58302813　010-58302978
地址邮编：北京市西城区西环广场 A 座
19-20 层，100044
Http：//www.chgslcbs.cn
E-mail：cicap1202@sina.com（营销中心）
E-mail：y9001@163.com（第七编辑室）

序 言

斗转星移，岁月如梭。

静下心来写这篇序时，我才意识到，踏入连锁经营研究领域至今已有二十余载，逸马品牌连锁集团成立至今也有十六载。而目前商业环境发生了翻天覆地的变化，互联网化、智能化扑面而来，我们该如何乘势而上，成就领袖品牌？

这些年来，我们服务过的连锁门店已超过 420 万家，也先后出版了连锁专业研究书籍 24 套。我们的初衷一直都很明确，就是要打造贯穿连锁企业发展的连锁经营成功系统，为中国连锁走向世界而奋斗。

回顾之前出版的作品，多以教材和工具书为主，着眼点多在门店复制、标准化等问题。近几年里，我们没有再着笔撰写过这些技能方法的内容，不仅是因为时间的限制，更因为我们在思考：能否跳出技能层面，从思维模式上带给连锁从业者一些全新的启示，以适应与引领新的商业潮流？未来已来，领先未来。

正所谓："授之以鱼，不如授之以渔。"

真正有意义的跨越，不只是技能上的跨越，更是思维模式上的跨越。就像管理界人士经常说的一句话：战术上的勤奋，永远弥补不了战略上的缺失。

放眼世界，做大做强的企业，走的几乎都是连锁之路。然而，提起“连锁”二字，我们本土的连锁经营者和从业者中，有相当多的一部分人，第一时间想到的依然是“开店”。在大家的思维模式中，连锁就意味着开分店，连锁企业发展壮大的标志就是“店满天下”。

为什么大家会有这样的认知？原因很简单，做连锁就是做复制，我们看到的那些世界百强连锁企业无一不是呈现出了“店满天下”的形态。然而，做连锁仅仅是开分店吗？

其实不然，这里面还隐藏着一系列值得思考的问题：

在这个产品同质化的时代，如何打造一家成功单店？

在实现规模扩张的过程中，如何保证复制裂变不走样？

完成了模式裂变后，接下来的路要怎么走？

实现了门店的规模化扩张，是否能实现规模效益递增？

鉴于对上述这些问题的思考，基于优秀的逸马中联汇会员切身的实践，我们总结提炼了“万利连锁”的模型。为了让更多的连锁经营者也能够对整个产业和连锁经营有全新的思考，我们将万利连锁模型的内容整理成了书面作品。

我们一直坚信，分享才能共赢。所以，大家现在看到的这本书，既涵盖了逸马与中联汇会员们实践后的心得体会，也涵盖了新零售时代经营的新思路，为本土的连锁经营者提供了一个全面看待连锁的视角。

逸马的使命一直很坚定，就是希望本土的每一家连锁企业，都能够从单店赢利做到复制赢利，从复制赢利走到模式裂变，再从模式裂变发展到平台运营，最终从平台运营实现品牌生态，走向世界。对连锁经营者而言，这也是一个从大本小利到大本微利，从大本微利到小本大利，再从小本大利到一本万利，最终从一本万利到无本万利的过程。

最后，希望每一位翻开此书的朋友，都能够从中受益，获得某种启发。

未来的岁月，逸马仍将——不忘初心，砥砺前行。

让我们一起连赢天下，锁定未来。在新的商业世界中，一起构建世界级的连锁产业生态圈，服务社会，成就内心充实、自由自在的自我。

在新的商业环境中，实现新的突破，新的增长，新的竞争优势。

让天下所有企业都连锁，帮助所有企业都成为领袖品牌。

目 录

第一章 思维变革 | 连锁改变世界，世界正在连锁

第二章 从无到有 | 打造 IP：连锁帝国的“入场券”

第五章

品牌生态 | 无本万利，连锁的终极境界

第六章

连锁哲学 | 万物生于有，而有生于无

后记

第一章

思维变革 |
连锁改变世界，
世界正在连锁

第一课：颠覆连锁的“旧观念”

连锁是一种组织形式，

是一种成为行业领袖的组织形式。

——逸马“万利连锁”

深耕任何一个行业，都有必要了解一下它的发展历史。

连锁经营，最早诞生于美国。

1859 年，美国的乔治·F. 吉尔曼与乔治·亨廷顿·哈特福特，在纽约创办了大美国茶叶公司。六年之后，这家公司已经发展了 26 家正规连锁店，全部经营茶叶。1869 年，大美国茶叶公司更名为“大西洋和太平洋茶叶公司”，而它的连锁店已越过阿巴拉契亚山脉，延伸到了更远的地方。到 1880 年，该公司已经发展到 100 多家分店的规模。

在同一时期，另外一家名为“胜家缝纫机公司”的企业，也通过连锁经营的方式取得了成功。它在 1865 年开始采用“特许经营”分销网络的方式销售产品，效果显著，迅速打开了产品的销路，成为该行业的引领者，也成为特许经营模式的鼻祖。

20 世纪 50 年代，麦当劳、肯德基引入连锁经营体系，公司得到了空前的发展，同时也完善了连锁经营业态。到了 20 世纪六七十年代，连锁经营以超强的生命力，由美国向日本、马来西亚、新加坡等亚洲国家和地区蔓延。1984 年，首家以商标特许形式在北京落户的皮尔・卡丹专卖店开业。

连锁的强大力量不容忽视，它强大的生命力催生了全球范围的连锁行业，甚至超越了商业领域，渗透到社会生活的方方面面，改变了人们的生活方式。

连锁进入中国后，带来的变化是有目共睹的。与此同时，国内本土企业在连锁经营探索的道路上，付出的代价也是巨大的。最明显的现象就是，许多本土的连锁企业，犹如划过天空的流星，转瞬就消失了在茫茫的市场中。

许多人都在思考：为什么会屡屡出现这样的情况？是不是西方的经营方式到了中国“水土不服”，很难与中国文化融合？答案是，不尽然。

不可否认，条件不成熟、理念不清晰、连锁企业家战略经营思路欠缺，都是招致连锁经营失败的一些客观因素。但究其根本而言，问题还是出在认知层面。

为什么这样说呢？道理很简单：意识决定方向，思维决定行为，行为决定结果。

不少连锁企业一直在做连锁，做了很多年，但对于连锁的认识，仍停留在“经营”的范畴。换而言之，在许多人的脑海中，“连锁”就是多开几家分店，或直营或加盟。

没错，这是连锁的一部分，但也只是狭义上的连锁经营，即经营同类商品或服务的若干个企业，以一定的形式组成一个联合体，在整体规划下进行专业化分工，并在分工的基础上实施集中化管理，把独立的经营活动组合成整体的规模经营，从而实现规模效益。

然而，深入了解和探索，我们就会发现，真正的连锁，不止于此。连锁不仅是一种经营方式，也是一种组织形式，更是一种思维方式。它以一种特别的方式介入整个社会，既存在于商业领域，也在文化领域、科学领域、社会组织领域广泛地存在着。

举个例子，德国法兰克福书展，现如今是世界各地出版商寻找新接触机会、新合作伙伴的渠道与平台，为世界各地的出版商提供面对面沟通交流、相互学习和借鉴的机会。它是出版商、书商、作者、版权经理人、新闻杂志记者等多方与出版相关人士的大聚会，也是出版产业链各个环节的一次大聚首，为图书出版行业的跨界发展，提供了宝贵的机会。

法兰克福书展的存在，让参展方了解了更宽范围内的出版情况，相互学习和借鉴，体现了文化复制的可能性；从图书向影视的转化过程，又体现了资源的整合性。

很显然，这就是连锁思维在文化领域的应用。

广义的连锁，其实是仿生学，仿生的核心是复制。在文化领域，信息共享复制了文化传递；在生物领域，细胞分裂复制了生命延续；在商业领域，模式化生产复制了滚动利益；在学校、军队、企事业机构等社会组织领域，单个组织复制了社会系统。

不夸张地说，连锁复制是一套在各个领域内都可运用的系统，是将复制、创新、融合联结起来，转化为社会现实力量，并给实际生活和环境带来改变的行动。连锁不仅是狭义上的，企业内部从一个门店到另一个门店的连锁经营复制，还包括企业的管理模式的复制，乃至从一个企业到另一个企业的复制。

从这个角度上来看，连锁代表的是一种无限复制与传播的可能性。

看到这里，你有没有从观念上对连锁建立一个全新的认知？

你还会认为，连锁只是“开分店、扩大规模”那么简单吗？

这样的误读，是对连锁的断章取义。现在，我们需要颠覆旧观念，打破思想的藩篱，从广义的层面去解读连锁，意识到连锁思维的重要性与广泛受用性。

唯有带着全新的视角去看连锁，用开放的思维去做连锁，你才会惊奇地发现——连锁，犹如细胞分裂，不只是形态上的增加，更是能量的翻倍和生命的进化。

第二课：连锁，正在改变世界

21 世纪做企业就是做连锁，

做连锁就是做天下。

——逸马“万利连锁”

前面我们提到了，无论是商业领域、文化领域、科学领域，还是社会组织，都渗透着连锁的特质。故而，可以这样讲：我们生活在一个连锁的世界里。

世界是连锁的，连锁也在改变世界。

亚当·斯密在《国富论》的开篇中就谈到了“论分工”，并指出“分工是国民财富增进的源泉”。他认为，国民财富积累最重要的原因是劳动生产率的提高，而劳动生产率的最大提高就来自于分工。

我经常会提到这样一个案例——

过去，桌子是怎么生产的？一个人把木头劈开、推好、装好，刷上油漆，检验一下，桌子做好了。我们把这个制作桌子的人，称之为“木匠”。

现在，桌子是怎么生产的？分工合作。有人负责劈，有人负责推，有人负责装，还有人负责检验……

“复制”木匠很难。谁都知道，匠人的手艺都是日积月累磨出来的，不可能一两天就掌握精髓。但如果复制生产桌子的工序，事情就变得简单多了。专业化分工，流水线作业，既节省时间，又大大提高了生产效率。在有了工序之后，还可以复制更多的团队。

依靠复制的思想，工业化革命迅速提高了生产效率，经济迅速从短缺、稀缺的状态进入富足的状态，产品极大丰富了，某些领域甚至逐渐呈现出供过于求的势态。生产领域的问题解决了，然而，大批量涌现的产品怎么卖出去呢？于是，瓶颈又被转移到了流通领域。

怎么解决供过于求的问题？显然，要提升流通效率和服务效率。如何提升？复制的思想，再一次发挥了它神奇的效用——形成流通和服务的标准化，包括流通的复制、商业的复制、服务业的复制。

说到这里，想必大家也明白了，连锁经营的本质，其实是机械化大生产在商业流通领域的应用和创新。通俗点来解释，即在流通领域提炼出类似流水线一样的操作流程与规范，把工厂的标准化模式搬到门店和企业中，通过标准化，实现复制、快速扩张，形成规模效应。

彼得·德鲁克说：“当今企业之间的竞争，不是产品之间的竞争，而是商业模式之间的竞争。”21 世纪最成功的商业模式是什么？正是连锁经营。它是当今世界上最具活力、发展最快的一种经营模式。掌握了这个价值杠杆，企业就能更快更好地实现“忽如一夜春风来，千树万树梨花开”的规模效应。

《联商网》对 2008 年至 2017 年的数据进行分析对比发现，近十年来，连锁百强企业的规模在不断壮大，准入门槛在不断提高，而企业运营质量也在不断提升。放眼看天下，处处都渗透着连锁的业态，无论是商超、酒店、餐饮、美容、医药，还是服饰鞋帽，连锁正以前所未有的速度覆盖越来越多的传统及新兴行业，创造着“复制、扩张、赢利、网遍全球”的商业传奇。

商业领域的连锁，为21世纪所有的企业提供了更多的可能性和更大的发展空间。信息化飞速发展，企业跨行业发展、跨区域发展也愈来愈普遍。只要找到和运用正确的模式，商业的发展就存在无限的可能。

透过连锁，我们的眼界和心界会无限放大，不受过去具体领域对我们产生的无形的限制。与此同时，我们也能在复杂的现象之下找到自己的定位，找到自己与周边的所有关联，并在关联中发现个人、企业和社会成长的阶梯。

这，就是连锁带给世界的变化，也是连锁带给我们的机遇。

第三课：让所有的企业都连锁

技术的变化只能带来百分比的增长速度，

模式的变化才能带来几何级的增长速度。

——逸马“万利连锁”

21 世纪，做企业就是做连锁。没有连锁思维，企业就难以生存。

这绝不是危言耸听，放眼望去，世界 500 强企业大都在做连锁。

为什么要做连锁？答案很简单，为了做品牌，为了做规模。

技术的变化，只能带来百分比的增长速度；模式的变化，才能带来几何级的增长速度。

连锁是商业模式的一次重要革命，是方向，亦是通途。

谈及连锁，我们首先想到的就是，将企业的一种能力或产品复制成千千万万相同的单元，从而将企业做大做强。然而，除了产品和服务这些显性的东西可以复制以外，还有没有一些非显性的东西可以复制呢？

当然有，那就是企业战略、目标、经营理念的复制。

沃尔玛是美国的一家大型连锁企业，由美国最庞大的家族之一沃尔顿家族掌控。1951 年，山姆 · 沃尔顿开了第一家沃尔玛超市。山姆 · 沃尔顿出生在一个贫困的家庭，但他为人勤奋。即便后来变得很富有，依然坚持亲自种田，自给自足。一直以来，他都坚持着这样的理念：沃尔玛超市里的每一种商品，都要比其他的超市便宜。

我们都知道，在传统零售行业，要让每一件商品都保持低价是不容易的，这背后必定要有一个庞大的连锁产业。为此，沃尔顿在各个环节节省成本，用这样的方式让商品保持低价。依靠着“天天平价”的理念，沃尔玛的门店不断扩张，蔓延到全球 27 个国家和地区，拥有超过 11300 家商店，220 万名员工。

沃尔玛连锁复制的是“天天平价，始终如一”的理念。它苛刻地挑选供应商，顽强地讨价还价，以尽可能低的价位从厂家采购商品；另一方面，它又实行高度节约化经营，并处处精打细算，降低成本和各项费用支出。

无独有偶，让我们把目光转向日本。

1970 年，稻盛和夫在日本京都陶瓷开始实施“阿米巴经营”。阿米巴经营依托牢固的经营哲学与精细的部门独立核算管理，把企业划分成多个“小集体”，像自由自在重复进行细胞分裂的“阿米巴”。然后，以每一个“阿米巴”为核心，自行制定计划，独立核算，自主成长，让每个员工都成为主人公，全员参与经营，打造一个充满激情和干劲的集体，依靠集体的智慧和努力完成企业的经营目标。28 年后，京瓷公司进入世界 500 强。

1984 年，稻盛和夫进入通讯业，创办了 KDDI 电信公司，又将“阿米巴经营”融入管理思想中。19 年后，日本 KDDI 电信公司也进入了世界 500 强。

2010 年，稻盛和夫出任破产重建的日本航空公司的董事长，他依旧利用“阿米巴经营”的管理哲学，只用了一年的时间，就让日航做到该领域的利润世界第一、准点率世界第一、服务水平世界第一。

稻盛和夫把“阿米巴经营”从一个企业复制到另一个企业，让三家企业都跻身行业领袖行列。与此同时，日本有300多家企业在京瓷关联公司的指导下引进了“阿米巴经营”模式，最后也实现了业绩暴增。

稻盛和夫在京瓷集团和KDDI电信公司采用“阿米巴经营”，打造了两个世界500强企业，这是经营管理模式向内部复制的呈现；其他企业借鉴“阿米巴经营”实现业绩提升，这是向外部复制的呈现。

世界500强企业中，一些石油化工公司，如荷兰皇家壳牌石油公司、美国埃克森美孚公司、英国石油公司以及我国的中石油、中石化集团公司，它们都拥有强大的资源和网络，在一个家国占据重要的地位，在世界范围内也有一定的影响力。

这些石油化工企业也在做连锁，它们连锁复制的是什么呢？

仔细剖析会发现，它们的经营管理就是一个连锁的过程。只不过，它们不是简单地复制门店，而是把自己的优势资源通过复制公司或其他经营组织的方式进行扩张，从而形成一套运营网络。

以埃克森美孚公司为例，它是世界最大的非政府石油天然气生产商，同时还是世界上最大的炼油商之一。埃克森美孚公司通过其关联公司，在全球大约200个国家和地区开展业务，拥有8.6万员工，其中包括1.4万名左右的工程技术人才与科学家。它的整个网络完全就是一个连锁网络。

从这些巨头企业身上，我们不难看出一个事实：只要拥有一个合适的模式，企业就可以通过不断复制这种成功的模式，从而拓宽领域和范围。这种连锁，不仅限于门店、产品等有形复制的范围，还可以在经营管理思想和方法上找到让企业做大做强的突破口。

一个卓越出色、思想独特的企业家不常有，但一种成功的经营思维模式却可以不断复制，或作为借鉴的标杆。同样一种经营管理思想，只要运用得当，符合企业的特点，也可以为不同的企业带来质的改变。

现如今，企业向不同行业进军的现象屡见不鲜，这也是在向其他行业复制可运作的商业思维。它在提示我们，现在行业之间的距离已经越来越小，连锁复制已经不局限于单纯的连锁经营的形式。实际上，这就间接回答了咨询中经常被问到的问题：“什么行业适合做连锁经营，什么行业不适合？”“哪些行业能开展连锁经营，哪些行业不能开展？”

答案很直接：连锁经营与具体的某个行业之间不存在必然的联系，没有明显的边界，也没有僵死的条条框框。任何一个项目或运营模式，只要有潜力和优势，都会有人复制和操作；任何一个行业，只要找到合适的模式和途径，都有可能造就一个强大的企业；任何一个有连锁思维的企业，都可能在错综复杂的商业领域，从各个方面攫取适合企业的力量，转化为自身的生产力和效益来源，从而变得更加强大。

对企业家而言，这是一个激情燃烧的时代，只要你有想法，只要善于复制和借鉴优势的经验，就有无限的可能供你选择。当然，这也是一个需要冷静的时代，正因为局限性越来越小，所以走在同一条路上的人也越来越多。怎样在过程中理性抉择、有效复制、果敢操作，也是对企业家战略眼光和行动力的一场严峻考验。

第四课：我们的连锁刚刚开始

在今天看来似乎是伟大的发现与洞见，

实际上恰好是混沌中的逐渐明晰。

——逸马“万利连锁”

从连锁经营模式诞生之日起，它便在不知不觉中由“星星之火”演变成“燎原之势”。

实际上，这也是必然的趋势。当经济和产业发展到一定阶段时，一部分企业必将步入一个轨道，把历来成功的经营模式与盈利模式，通过复制放大，整合社会资源，从而成为连锁巨头和领导品牌。从这个意义上讲，连锁造就行业领袖。

生产者把有限的资金投入生产，通过复制标准化流程，为市场快速地、大规模地提供所需的产品。然而，当市场上同质产品趋于饱和时，生产者就要考虑产品的销售问题了。于是，把机械化大生产的复制模式，引用到商品流通领域，就有了连锁经营。

紧接着，问题又来了。到底是生产者自己承担销售，还是将销售分割出去呢？

如果生产者自己承担销售，自己投资建店，把有形的产品和无形的产品一起提供给当地的消费者，那就是“直营连锁”；如果生产者把销售分割出去，由加盟者投资建店，双方分割无形产品价值实现的利润，那就是“特许经营连锁”。

经济史证实，现代经济发展初期，有形产品的生产与销售的分工，是符合效率原则的经济行为。然而，随着时代的发展，人们的消费需求在不断升级，对无形产品的需求比例在日益上升。无形产品的再生产，与有形产品的生产与销售分工不一样，它需要销售者来完成并提供给消费者，这是无形产品的即时消费特征决定的。从这一点上来说，在连锁网络的建设中，特许经营是更符合效率原则的模式。

曾有人做过这样一个比喻：“特许经营是通过‘婚姻契约’的方式，嫁接一套成功的经营模式，从而实现品牌、资本、技术、管理等资源的优化配置。”

特许经营，追求的是特许双方合作共赢，实施规模化经营、标准化服务和专业化管理，是一种高效率的经营方式，也是当今企业扩张和个人创业的最佳途径之一。

从1865年美国胜家缝纫机开创特许经营这一模式后，发展至今已经超过了150年，成为全球零售业、餐饮业、服务业等线下实体的主要发展模式之一，许多巨头企业都是采用这一模式打开了通往世界之路。

截至2018年，以餐饮业为例：麦当劳全球门店数量3.5万家；百胜集团旗下的必胜客、肯德基等品牌约4万家；赛百味全球门店数量4.5万家；星巴克全球门店数量3万家……全球餐饮连锁品牌门店拓展形式，有超过六成都是通过特许连锁的模式进行合作扩张的。

特许经营在国外已经是一个比较成熟的模式，但在中国却才刚刚起步。回望过去的二三十年，我国有不少的本土企业也在做连锁，但大都是以直营的模式发展，特许经营少之又少。不开放特许加盟，看似是保护了自身品牌，但结合多年的实际发展情况来看，品牌的经营利润、拓展速度和可持续发展，都会因此受到一定的限制。

中国本土的直营连锁品牌，年度净利润很少超过10%。在中国近14亿人口的庞大市场，本土直营的连锁品牌中，超过千店的寥寥无几！如此现状，究竟是不是一种遗憾呢?

也许，就像狄更斯在《双城记》中所言："这是最好的时代，也是最坏的时代；人们正直登天堂，人们也正直下地狱。"很多事情不存在绝对的好坏，都是相对而言的。

我们不妨这样审视，本土企业过去二三十年的连锁经营是一种探索和积淀，发展到了今天，时机已然成熟，必将迎来一场革命性的转折。事实摆在眼前，在偌大的中国市场中，还有许多领域尚未形成行业霸主，这对广大的企业经营者来说，正是借力新的生产工具、构造连锁新范式的机会。

许多人误以为，特许连锁仅限于大众化、品牌生命周期不长的行业。恰恰是这样的概念，让不少商业推动者形成了错误的理念。其实，纵观全球特许经营的发展，我们已经看到了，特许经营渗透在各个不同的业态中。从全球最高端的五星级连锁酒店，到便民生活便利店、超市等各个领域，全是依托特许连锁的形式快速地发展着。真正制约中国特许经营发展的瓶颈，是对特许经营理念缺乏认知，对自身品牌连锁管控体系的搭建不完善。

美国著名经济趋势分析家、量子基金创始人罗杰斯认为："要在21世纪跻身为中产阶级中的一员，最稳妥和最有效的途径莫过于加入某项特许经营体系。也许你很难通过加入特许经营而成为亿万富翁，但却能轻松地成为百万富翁。"

我们的"万利连锁"模型也能够轻松地看出这一点。

打造出一个成功的单店，对其产品或服务进行复制，开多家直营连锁店，这是最初级的连锁。过去二三十年，我们对连锁的探索几乎都是处在这个雏形阶段，现在我们要发展的方向，是朝着模式裂变升级，即从直营发展到特许，为平台运营和品牌生态奠定基础。

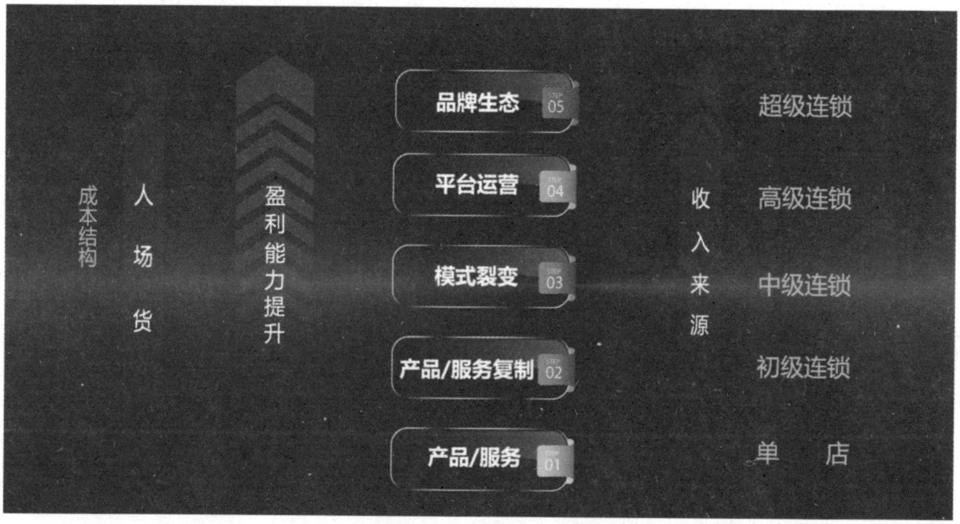

当我们能够跳出“连锁就是开分店”的狭隘之见，树立起连锁思维，从最初的“复制产品与服务”走向“特许与授权”，就是实现了从“大本小利”到“大本大利”，再到“一本万利”和“无本万利”的超级连锁的过程。

试想，连锁企业从一家店变成一千家店、一万家店，最终托起来的是什么？或者说，消费者看到这样的连锁店，购买的是什么？只是产品吗？

显然不是。连锁从最初的复制产品和服务，发展到最后的品牌生态，实际上是从“经营有形资产”发展到“经营无形资产”的过程。连锁最终托起来的是品牌和认知，售卖的是一种理念；而消费者购买的也不单纯是产品，更多的是一种文化。

我们再从另外的角度思考：销售产品的结果，最终是“谁好买谁”，那么检验“好”的标准是什么呢？答案就是，品牌的知名度。有一个事实我们必须清楚：

当消费者有需求时，他想到的是产品；当消费者的需求得到满足后，他想到的是品牌。换句话说，在产品同质化的时代，谁能让消费者从心理上产生认同感和归属感，谁就能拥有消费者的忠诚度。

为什么特许经营被全世界广泛认为是21世纪最成功的商业模式？原因就在于，它有借力出海的魅力，能把好的东西以最快的速度进行复制传播，让最大面积的区域和最大量的消费者享受到优质的产品和服务，让企业脱离传统的、简单的生产型发展方式，把企业最重要、最核心的价值——品牌，独立出来并进行延伸。

未来十年、二十年，如果我们能够不断完善连锁体系的搭建，依托信息化、资本化，必然有机会走向千店品牌规模、千亿企业规模，并一步步地迈出国门，走向世界。此时此刻，一个全新的世界即将打开。

第二章

从无到有丨打造 IP：连锁帝国的“入场券”

第五课：锻造无形资产，从打造 IP 开始

产品与 IP 的关系

IP 一定是具有生命力和跨媒介商业化能力的东西。

——逸马“万利连锁”

大家能够看到，“万利连锁”模型的最底端、最初级的阶段是单店。这并不难理解，我们的连锁零售是实体行业，肯定离不开产品与服务。然而，在这个同质化严重的时代，怎样让我们的产品和服务快速被客户识别与接受，从而打造出成功的单店呢？

我们有不少的传统企业，一直秉持产品思维，兢兢业业在产品方面下功夫。做事的态度固然令人敬畏，但效果却不甚理想，最主要的原因就是，产品思维不是以客户为中心的。反观一些新创的企业，它们也注重产品，但却换了一种方式，悄然地把切入口置身在打造 IP 上面，围绕着客户的需求和喜好来打造产品，最终实现了杠杆效应。

看到这里，肯定会有朋友心生疑问：什么是IP呢？它和产品是什么关系？经常听到娱乐界的人谈论IP孵化，我们是做连锁的，跟IP也有瓜葛吗？答案是肯定的。

在阐述“连锁与IP”的关系之前，让我们先来解释一下：IP究竟是什么？

IP是产生自泛娱乐的词汇，是英文“Intellectual Property”的缩写，直译为“知识产权”，可以融合在音乐、喜剧、电影、电视、动漫等诸多文化产品中。但随着内容社交电商和内容新零售的兴起，IP不再只是泛娱乐的专有词汇，也成为新商业中经常提及的概念。在这里，仅仅用“知识产权”来说明IP，似乎不够直观，甚至让人摸不着头脑。事实也证明，很多奢谈IP的人根本不知道，IP实际所指的不只是“知识产权”的字面意思。

早前，看过周铁东先生的一篇文章，我认为他的解释非常清晰。

周铁东先生说，IP更像是一种“心智创造”的法律术语。文学、音乐和其他艺术作品的问世，几乎都倾注了作者的心智，他们所创造出来的词语、符号、概念、设计，都是被法律赋予了独享权利的“知识财产”。这种“独享权利”才是我们常说的“知识产权”，翻译成英文就是“Intellectual Property Rights”，简称“IPR”。至于IP，就是诸多“IPR”中可以开发成具备商业价值的“潜在财产”。

如果说上述的一连串解释，依然让你觉得很绕口、不够通俗，那我们不妨再用更简单、更直白、无噱头的字眼来说明——无形的、有商业开发潜质的“文化资产”。

IP折射的是价值观、人生观、世界观或哲学层面的涵义，最终是要与人产生文化和情感上的共鸣。IP可以是一个故事、一个角色、一首歌、一句话、一个概念以及任何大量用户喜欢的事物。

然而，无论IP以什么样的形式出现，它的本质都是连接，它的核心都是顾客。唯有引人关注、与人共情，让消费者产生亲切感、亲密感和认同感，才能形成互动、交流，并建立消费者的忠诚度，达成口碑价值。

举个简单的例子，多数年轻人本身并不太喜欢喝白酒，但他们却是青春小酒“江小白”的主要消费群体。试问：“江小白”的成功，真的是靠白酒这一产品获胜的吗？显然不是。因为，年轻人买得不是这款“酒”本身，而是“江小白”这个 IP 背后承载的“青春故事”与“特有情怀”。“江小白”是一个 IP，代表一款产品，更代表千千万万年轻人的缩影。

所以，我们的传统企业经营者一定要认识到，精心雕琢产品与服务没有错，这是做企业的根基，但我们需要扭转思维方式。毕竟，产品本身是不具有传播能力的，特别是在泛娱乐时代，信息过剩导致消费者注意力稀缺，客户关注的不仅仅是产品的功能和品质，还有产品背后承载的情感内容，也就是 IP。IP 可以一次次地被消费者加工生成内容，形成具有再传播能力的产品，它能更快、更准、更好地贴近客户。

这样的结果，不恰恰是我们的初衷与目标吗？

IP 是如何影响品牌的？

IP 形象作为内容营销的一部分，
可借助大量的自制内容，
让品牌更好地进行内容传播。

——逸马“万利连锁”

产业内有人说：“互联网环境下，所有的企业都必须是一家内容企业。”

从经济学的角度来看，IP 的本质就是降低选择成本，在信息过剩的环境中强化某一类信息或内容的识别性。近几年来，国内的不少知名企业都设计打造了成功的超级 IP 形象。比如，腾讯的超级企鹅 IP 形象，京东的京东小狗 IP 形象、天猫的猫 IP 形象、苏宁的狮子 IP 形象、三只松鼠坚果品牌 IP 形象等。企业纷纷打造自己的 IP 形象，其实就是在定位上延承了品牌要传达的核心资产，不断输出强化符合时代的观点与内容。

品牌想要吸引更多的年轻人，就需要以用户喜欢的内容和方式，与之进行沟通。IP 的打造，恰恰满足了这一需要。概括来说，IP 对品牌的影响，主要体现在以下几方面：

- 让消费者快速建立品牌联想与品牌识别，为现有业务带来更大的流量

有一家做甜品的连锁店，想打造清新纯美的品牌形象，他们琢磨了两个名字，一个叫“纯美甜品”，一个叫“樱花甜品”，你觉得哪一个名字更吸引人？

毋庸置疑，肯定是“樱花甜品”。“纯美”这个词，听起来是很美，但太过抽象，且没有记忆点。相比之下，“樱花”就不一样了，它能带给人画面感，让人联想到樱花盛开的场景，继而联想到“纯美”的意境。如果用“樱花”的形象来做营销，时间久了，消费者一看到樱花，自然就会想到“樱花甜品”。

从这个角度来说，打造企业 IP 形象，可以让消费者快速建立品牌联想和品牌识别。与此同时，一个相对独立于商业而存在的 IP 形象，本身是有温度和态度的，它更容易聚集和巩固“粉丝”，为企业现有的业务带来更大的流量和收入。

- 让消费者卸下心理防御，提升商业信息的接受度以及购买意愿

营销大师费瑞兹说：“拒绝，是顾客的天性。”

我们都有这样的体会，生硬地把某一产品或品牌介绍给顾客，很容易遭到拒绝。为什么？因为顾客不了解你，也不了解你的产品，与之更没有任何的情感链接。

倘若换一种方式，先让顾客认识一个萌化的卡通 IP 形象，顾客就比较容易卸下心理防御，开启商业信息接收的通道。对此，《卡通形象营销学》一书中，作者宋磊曾就卡通形象对消费者行为的影响进行过实验，结果证实：消费者对带

有动物卡通形象的零食，比没有动物卡通形象的零食，其购买意愿要高出25%。

原因很简单，卡通动物的形象通常都比较“萌”，这种特征很容易激发人类基因中懈怠的亲近感和保护欲，让弱小的生物在成人的照顾和关怀下，顺利地活下来。有些卡通形象看起来比较另类和怪异，但它们能够使人产生亲近感，萌生好奇心，体验到放松和惬意。

IP形象的“萌”，可以调动消费者的正向情绪，让消费者放下心理防备，心生愉悦和快乐，并在特定的情况下变得更有耐心。有了正向的情绪和氛围，商业效率自然也会随之得到提升。

- 实现品牌差异化，增强消费者对品牌的好感度和销售转化率

通过IP形象，企业可以实现品牌差异化，让消费者在茫茫市场中，一眼就能够认出它。这种方式极大地提升了品牌好感度和忠诚度。

印在杯子上的美人鱼，是星巴克最独特的标志。众多星巴克粉丝都把收藏星巴克杯子当成爱好。米其林轮胎人的卡通标志，让堆在一起的轮胎，看起来就像一个又憨又萌的人，而这个IP形象也帮助米其林成为全球最大的轮胎品牌之一。

- 打造企业IP就是打造品牌资产，把无形资产变成有形资产

品牌资产不仅包括品牌商标、软件著作权等，还包括许多无形资产。打造IP形象的目的就在于可以通过独立的IP项目，把无形资产变成有形资产，甚至变现。

就拿迪士尼来说，它是一家单纯制作动画的公司吗？不，它是一家创造和经营IP的公司。在迪士尼的利润中，票房只占了很小的一部分，其余大部分的利润都来自IP衍生品、IP授权和相关产业，如迪士尼主题乐园等。

此外，企业IP还可以摆脱专业领域的限制，在不同的场景开展“多栖”玩法，潜入消费者的生活。比如，从卡通形象延展到文化产品、实体场景、文化活动等，把IP形象深刻地融入消费者的生活中，加强企业与消费者的关系，加深消费者

对企业的理解和喜爱，提升客户的体验。

总而言之，打造企业 IP，对企业的战略发展和布局有重要的意义。也许，我们难以企及诸如迪士尼、漫威等超级 IP 那样受欢迎的程度，但我们依然可以在这条路上踏实地做点什么，力求在一定范围内实现“人无我有，人有我优”。

第六课：连锁定天下，IP 赢未来

连锁 + 超级 IP 的合力共赢

连锁与超级 IP 的结合，
是情理中的必然。

——逸马“万利连锁”

看到这里，相信不用再过多解释，你也已经意识到了，连锁与 IP 有着密切的关联。

以往，大家谈到连锁的第一感觉就是开实体店。当然，实体店是连锁里面最核心、最重要的部分，但它不是全部。做实体的企业往往都很扎实，我们需要扎实的基础，但也需要品牌的溢价，需要新物种的打造和新消费客户体验的感受。

在新商业昂首阔步向前的过程中，我们清晰地看到了两大特点：

- 许多线下的零售企业，开始借力新型传播渠道；

• 许多线上的内容企业，开始涉足线下实体零售。

酒仙网的前身是山西百事集团，2001 年 3 月在太原创办；2009 年 10 月 9 日，线上电商平台酒仙网正式问世。它是世界最大的酒类垂直电商企业之一，全网覆盖，战略合作京东、天猫、当当、苏宁等平台。

不过，现在的酒仙网已不仅仅是一个线上电商平台了。2017 年 8 月，酒仙网开始涉足线下连锁酒店专卖店，布局酒类新零售。为了少走弯路，酒仙网安排高管参加万利连锁课程并加入了中联汇。此后，酒仙网总裁亲自带领高管深入学习连锁模式复制，并邀请逸马团队做实地交流。经过双方的共同商讨，制定出了一整套方案，酒仙网应由增量市场转变为存量市场，以此来解决快速扩张的问题。

随后，酒仙网开始付诸行动。战略调整为非酒类流通行业加盟商，加酒类流通行业加盟商，大大加快了开店的速度。目前，酒仙网在北京、上海、广州、天津、武汉、成都和太原共有七个运营基地，四大仓储中心，仓储面积近 20 万平方米。全国 6 个城市可实现当日达服务，60 多个城市可实现次日达服务，200 多个城市 3 日送达，边远地区 7 日送达。

2018 年 3 月 23 日，科技部发布 2017 中国独角兽企业榜单，酒仙网成酒类行业唯一上榜企业，并荣获“中国独角兽企业证书”。

在新商业时代，消费者的精神需求日益渐长，消费也在不断升级。实际上，消费升级的东西并不复杂，无非就是消费 + 娱乐、消费 + 文化、消费 + 艺术，真正复杂的是要如何加？怎样把自己的品牌打造出来，甚至成为一个超级 IP？有没有更好的办法与一些现有的 IP 结合？这是连锁企业需要深思的问题。

试想：我们做实体连锁企业，最终的目的是什么？只是为了开更多的店吗？

肯定不是。连锁从一家店变成一千家店，再变成一万家店，它最终托起来的是消费者心目中的品牌和认知。大家可以看华为、小米以及苹果的门店，它们发展到了一定的规模后都不再谈连锁了，也不谈特许，而是谈品牌授权。实际上，这是一个从经营有形资产逐渐过渡到经营无形资产的逻辑，而 IP 就是无形资产。

置身商业领域，我们不但要学会经营有形的资产，还要学会经营无形的内容。连锁，无论是跟同行“连”，还是跟其他的东西“连”，连到最后，就是要形成消费者对自身品牌的认知。

做连锁的目的是做规模、做品牌，而品牌是要有温度的。一个生冷的品牌名字，很难走进用户的内心，与之建立长期的关系。但是，品牌中的无形资产 IP，却是有温度、有态度的，可以快速和用户建立情感关系，影响用户的心智。未来，知名品牌都必须成为超级 IP 这个物种，如果品牌没有 IP，就会失去连接的机会，更无法获得商业帝国的入场券。

简而言之，未来的生意，就是打造超级 IP。

自建优质 IP，打动用户的心

新零售、旧零售都是零售；

伟大顾客成就伟大企业。

——逸马“万利连锁”

曾经，有一个名为“山楂树情侣酒店”的官方微博，一开始粉丝很少，酒店的生意也很一般。后来，他们找到营销顾问重新策划，去掉官方化内容，打造了一个虚拟人物为酒店代言，重新注册了一个 ID 叫“山楂树下的老三”，资料介绍写得很有代入感：

“嗨，我是老三，我家开了山楂树情侣酒店，静秋负责收银，我负责客服……”

很多人都看过《山楂树之恋》那部电影，对于故事中的情节，肯定也是记忆犹新。这回，从网上冒出来一个“老三”，立刻就有不少女粉丝关注了，开始跟“老三”聊天，积极参与各种线上活动。通过电影故事、生活化的场景沟通，酒店客房的预订量迅速提升。

这说明什么呢？人不喜欢跟冰冷的机构打交道，而是喜欢跟有个性的人沟通交流。对于零售来说，打造出一个具备魅力人格体的 IP 至关重要，用它去打动用户、影响用户，进而拉动线下的生意和价值。

隋炀帝炒饭：当炒饭遇上“皇宫 IP”

> 一定要跳出行业，
> 站在产业的高度做连锁。
>
> ——逸马“万利连锁”

炒饭，中国人再熟悉不过的一款简单主食，可就是这样一碗简单的炒饭，通过打造 IP 的路数，以及“互联网 +”的思维，却在外卖产业领域产生了非同凡响的效应。你能够想象得到，在只卖五六款炒饭的情况下，它能够实现人均 23 元，单店月销量超过 1 万单，净利润达到 15% 吗？让我们看看，它是怎样做到的。

2017 年 9 月，隋炀帝炒饭新店在呼和浩特正式开业。当时，它的市场存量并不大，但依然成了商圈里数一数二的角色。开店之后，仅仅一年的时间，隋炀帝炒饭就开始快速复制，门店发展到 20 多家。

这样的业绩，与隋炀帝炒饭的创始人蔡亮有着密不可分的关系。他经营过酒楼，也开过西餐厅，历经两次挫败，意识到了一个关键问题：无论是酒楼还是西餐厅，都直接受商圈变化的影响，一有风吹草动，经营者就得快速进行调整，在充分了解同行竞争者的情况下，在激烈的角逐中寻找突破点，提升自身的竞争力。

说来容易做来难，这也是蔡亮前两次创业受挫的主要原因。但他发现，在餐饮市场中，外卖受商圈影响较小，且炒饭这样的产品受众群体广，口味受时间影响小，品质下降低。于是，他就把目光锁定在了炒饭外卖市场上。

大家都知道，炒饭不属于有特色的餐食，蔡亮自然也很清楚。为此，他选择了从 IP 入手，带领团队，历经 15 个月的开发、设计、打磨产品和品牌化 IP 包装。结果，竟真的打开了“炒饭界”的蓝海。让我们看看，隋炀帝这碗炒饭到底是怎么“做”的？

• 隋炀帝炒饭：IP 自带人格化属性

蔡亮说：“如果一个人连独特的个性、主张都表达不出来，那么这个人很难被他人识别，品牌也如此。所以，取一个好名字，对应你想传达的品牌理念或是能够与之相关联，是一种战略。品牌起名这件事，攸关生死。”

蔡亮给炒饭起的名字叫——“隋炀帝炒饭”。为什么这样取名呢？

相传，炒饭起源于隋朝，起这个名字的寓意就在于，隋炀帝家的炒饭最“正宗”。而且，隋炀帝这个 IP，自带人格化属性，顾客听着有意思，也容易产生记忆点，联想到一些故事。

• 不靠低价竞争，靠品牌价值与服务

隋炀帝炒饭是炒饭外卖里价格最贵的，但创始人蔡亮并不担心这样的定价会有什么问题。他很坦然地表示，不是便宜才有市场，真正做好企业、做好产品，肯定不是靠牺牲利润，而是靠提升产品自身品牌的价值与服务。

• 自带社交属性的宫廷 IP 点燃传播欲

隋炀帝炒饭的目标客户群体是年轻人，所以 IP 的设计也融入了许多搞笑有趣的宫廷元素。走进店内，发现它的装修富丽堂皇，门口放着皇帝、皇后的表情包宣传图，在菜名上也是直接引用了宫廷称谓，如“大王炒饭”“本宫炒饭”“公主炒饭”，与之相呼应的文案更是有趣，如“本大王就喜欢吃炒饭”“不吃炒饭本宫做不到哇”“公主爱炒饭么么哒”。每款炒饭的包装袋，都是以不同角色的古装人物卡通手绘造型呈现出来的，每个 IP 角色都被制作成了表情包，这些元素结合时下最流行的宣传语，代入感超强，很容易点燃年轻人想要传播的欲望。

- 智能炒饭机提升效率，实现快速复制

隋炀帝炒饭在短短一年的时间里，就迅速复制了20多家门店，许多人好奇：它是如何做到能保证每家门店的炒饭品质和味道都一样，且在外卖高峰时段保持高效率配送呢？

隋炀帝炒饭的利器就在于，它研发了智能炒饭机。有了这个强大的设备，每个店只需配备3~5人就能实现运转，不但降低了人力成本，且在高峰时间段，12分钟就可以一次性出8份餐，很好地解决了效率问题。

一个品牌想要长远发展，必须通过连锁化的道路来实现，这条路任重道远。未来，隋炀帝炒饭能否在这条路上披荆斩棘，让我们拭目以待。但就现阶段而言，它借助造势、IP化运营，在短时间内占领了用户心智，且顺利复制了20余家门店，还是很有借鉴意义的。

小猪佩奇：IP动漫爆款+全产业链的标杆

体现和感悟连锁，

必定要密切关注产业链的整合。

——逸马“万利连锁”

即使不看动画片，即使不了解IP动漫，说起“小猪佩奇”，多数人也不会觉得陌生。原因就是，这只小猪无处不在。不管是朋友圈、抖音、杂物店，还是一些品牌商，都心甘情愿地把这只粉嫩的小猪融入自家的产品中。

许多人费解，小猪佩奇的模样那么奇怪，猪蹄是三瓣的，有一双兔子耳朵，鼻子长在脑门上……怎么看怎么像一台吹风机！就是这样一个动漫形象，它是怎么火遍全球的呢？

- 打造有代入感的 IP 形象，占领年轻家长的心智

小猪佩奇的成功是多方面的，这个 IP 形象最大的赢点在于“代入感”，即占据了年轻家长的心智，呈现了大众认可的家庭生活方式。我们知道，“80 后”和“90 后”在成长的过程中受到了互联网的巨大影响，接触到各种各样的观念，他们在家庭观、夫妻观、育儿观方面，和上一代给予自己的“家庭生活方式”大相径庭，但他们在知识和经历方面却又缺少正确的引导，因而急需找到一个得到认同的范本。

小猪佩奇的横空出世，占领了年轻家长的心智，就意味着它已成为头部 IP，拥有充分的市场话语权，且不容易被后来者动摇。同时，它能够吸引各方面的资源，主动向其靠拢，节省了渗透费用。

- 设计 IP 的双向驱动力，满足家长与孩子的需求

小猪佩奇不仅赢得孩子的喜爱，也赢得家长的热捧，亲子两端都会观看动画片，购买周边产品。目前流行的国产儿童 IP，多数都是单向驱动型的，或是倾向于孩子，或是倾向于家长。但小猪佩奇是双向驱动型的：对家长来说，它有实用性，具备积极的、可借鉴的教育意义；对孩子来说，它有趣味性，具备好玩、有趣、有代入感的特质。

- IP 的传播媒介与内容类型，直击用户心智

对儿童 IP 来说，主要的传播媒介有 TV 动画、动画电影和早教产品等。小猪佩奇这款 IP 的背后是英国 Entertainment One（简称 eOne）公司，它是一家主要收购、制作和发行电影、电视内容的公司，结合自身的优势，它选择以 TV 动画为传播的切入点。

找到了适合自身的传播媒介，接下来就要选择 IP 的内容了。大部分的 TV 动画都是以故事情节为主的，有了剧情的驱动，IP 形象会更有生命力，容易产生情感共鸣。《小猪佩奇》这款动画片，每集大约四五分钟，以家庭生活为主题讲述

一个有教育意义的小故事，深受孩子和年轻家长的认可。

- 成为现象级网红 IP，实现与诸多领域的连锁

当小猪佩奇成为知名爆款的 IP 后，自然就有了自带流量的属性，并能有效地拉动其衍生品销售。此时，它就直接进入了特许授权的境界，开始经营自己的无形资产。

据悉，小猪佩奇 IP 全球有超过 800 个授权商，年收入高达 10 亿美元，成为其商标持有者 eOne 公司的收入主力。根据 eOne 的战略规划，2020 年的收入目标为 20 亿美元。

目前，小猪佩奇授权的周边零售产品涵盖了诸多领域，如电影、书籍、服装、文具、零食、游乐园、舞台剧、APP 等，它已经通过经营无形资产，实现了与多个领域的连锁。更值得称道的是，就在佩奇伙伴全球之前，它的版权方已经通过版权许可代理方和维权代理方，在拓展版权合作的同时，有力地打击盗版，尽可能地提高小猪佩奇的版权收益。

小猪佩奇的成功，为我们提供了很多有价值的参考信息。它演艺了“爆款 IP+ 全产业链”的新经营模式，也进一步凸显了知识产权的价值，指明了连锁的未来要朝着商业授权的方向发展，与更多的商业领域融合。

牵手热门 IP，借力上青云

> 集众智方可集大成，
> 胸怀天下方可成天下高峰。
>
> ——逸马“万利连锁”

结合前面所讲的内容，不知道大家有没有意识到一个问题。

如果不进行 IP 开发，你卖的永远是“单品”；如果 IP 开发得好，你可以卖“套

装”；如果核心 IP 能够打通众多领域之间的壁垒，这个 IP 的价值就很高，最终可以通过授权的方式来实现超级连锁。

IP 的力量不容忽视，可打造出一款有生命力的 IP，也并非容易之事。如果现阶段，因各方面条件的限制，暂时无法打造出属于自己的超级 IP，是否就意味着，没有办法实现品牌溢价呢？答案也不尽然。

在游戏行业，白手起家的 Kabam 是业内最让人羡慕的团队之一，它是一家大型多人社交游戏开发公司。Kabam 在全球有 6 家办公室，700 多个员工，它的成功之道不是有自己的超级 IP，而是借力上青云。

Kabam 的创始人刘丽华（Holly Liu）表示：“Kabam 一直在用好莱坞的 IP 实现全球化，现在有漫威、霍比特人、速度与激情、星球大战等 IP 改编的手游。”在她看来，选对 IP、选对玩法、选对团队，让 IP 发挥最大价值，是移动游戏行业迈向全球化的关键。

透过 Kabam 的做法，我们也不难看到，借力爆款 IP，也是品牌溢价、打开通路一个重要渠道。事实也证明，不少连锁企业已经走在这条路上，且做得像 Kabam 一样成功。

首旅如家：漫趣乐园，空间有了新可能

战略决定生死；
模式决定速度；
管理决定份额。

——逸马“万利连锁”

2016 年 6 月，上海迪士尼在川沙新镇开业，前来游玩的客人络绎不绝。园区内自带的两家动漫主题酒店，俨然供不应求。

有需求，就有市场。很快，川沙新镇周边就形成了一个围绕迪士尼主题的亲子度假市场。

首旅如家瞄准了这个机会。2017 年 6 月 23 日，它旗下的漫趣乐园在川沙中心商圈开业。这个“漫趣乐园”是怎么打造的呢？这家与迪士尼争锋的动漫主题酒店，在产品、运营、服务等方面，又有哪些值得借鉴的经验呢？

提起动漫，自然离不开 IP。

首旅如家选择与奥飞娱乐合作，引入巴啦啦小魔仙、超级飞侠、贝肯熊等动漫 IP，将其与酒店进行了巧妙而深度的融合。走进酒店的大门，就会看到一座城堡，步入大堂就像是置身于一个童话世界，各式的娱乐设备和游乐设施，有糖果包厢、漫趣儿童乐园、萌宝智能创意园、童心小剧场等。

童心小剧场是首旅如家和北广传媒合作打造的酒店娱乐新业态，突出了亲子性、互动性、安全性。在这里，人们能够看到国内外许多优质的儿童动画片，还有影院最新下线的大片，为亲子用户们提供了私享院线的别致体验。

酒店最有特色的要数三大 IP 主题房，房间里的家具、布艺、寝具、墙绘，以及儿童用品等，全都按照不同的 IP 主题风格来设计。酒店里有许多细节做得很到位，比如客房衣橱里的浴袍和拖鞋都是卡通的，房间里有小冰箱和水吧台，电视可以尽情播放奥飞娱乐的动画片等。入住漫趣乐园，享受的不只是基本的住宿，更诠释了酒店空间的另一种意义，这里每天都会有娱乐活动，家长和孩子一起做手工、绘画、烘焙，享受亲子时光。

继漫趣乐园之后，2019 年 6 月 10 日，首旅如家又宣布开放全国唯一官方授权的龙珠主题客房，开始正式推出面向年轻人的动漫主题空间产品——漫次元。

所谓漫次元，是结合不同主题场景呈现的社交空间，有主题酒店、主题空间、主题楼层、主题客房等。这一次，他们把目标群体瞄准了追求时尚、有个性化需求的年轻消费群体。漫次元选择的首个合作打造主题场景的 IP 是“龙珠”，原因是龙珠在中国的知名度比较高，受众覆盖面广，自带流量和关注度，能够吸引多种类型的客群。

在产品的打造上，漫次元主要采用了“龙珠主题客房 + 配套空间主题活动”的形式，为的是增加用户黏性和品牌认同感。在主题客房里，有不少和动漫剧情相关的细节，如房间里陈设的物品，大都是从日本采购的正版龙珠周边，还专门定制了带有主题特色的客房赠品，提供给客人体验并带走。

其实，酒店 +IP 的模式并不是新生事物，但此类 IP 酒店面临的最大问题是，怎样进行规模化的扩张，获取持续的收益？在这一轮竞争中，首旅如家的优势就在于，它是以功能模块的方式嫁接到酒店的空间场景中，比如将一部分的普通客房改造成 IP 主题客房。

爆款 IP 的植入，不但给首旅如家带来了更高的溢价空间和品牌好感度，还帮酒店赢得了更多新的客源。而且，IP 衍生品和收费体验项目的收入，也提升了非客房收入的比重。目前来看，无论是漫趣乐园，还是漫次元的产品输出，首旅如家大都以旗下自营酒店为主，但接下来他们或许也将启动加盟计划，实现更好地扩张。

优衣库：与 KAWS 联名款的疯狂抢购

连锁企业，

卖产品不如卖模式。

——逸马“万利连锁”

2019 年夏天，优衣库与 KAWS 合作推出联名 UT，让粉丝们彻底疯狂了一次。

抢到印花 T 恤的人纷纷在朋友圈里晒照片；没抢到的人也想凑热闹，上传顾客冲进店里疯抢 T 恤的照片和视频，加上自己的感想与评论；还有一波人看到消息后，压根不知道发生了什么事，但好奇心又促使他们追问：KAWS 是谁?

其实，KAWS 是美国纽约著名的潮流艺术家。近年来，他的不少版画和雕塑作品，都卖到了几万甚至几十万美元不等的价格。2018 年，他有 5 件作品获得了超过 100 万美元的拍卖价格，曾经与诸多大牌合作推出联名商品，如迪奥、耐克、莫斯奇诺等。

这一次，是 KAWS 与优衣库的第六次合作，也是最后一次。

有财经专家表示，优衣库的疯抢事件类似于一个事件性营销。实际上，优衣库从 2014 年开始，就已经在借力 IP 了。它寻找到一个 IP 之后，迅速将其场景化，并对其赋能，形成了庞大的粉丝经济和粉丝效应。从这方面来说，优衣库对爆款的制造能力，以及对 IP 经济的打造能力，是非常强大并值得称赞的。

在发售产品之前，优衣库宣布：此次是与 KAWS 最后一次联名合作。

这是事实，但也是策略。从消费心理学上看，这是在制造稀缺效应，引爆消费者对稀缺性属性的需求，从传统的粉丝经济转向全面的 IP 经济。大家都知道，现在的年轻人很喜欢收集自己钟爱的物件，碰到限量的、喜欢的 IP 相关产品，自然就想收入囊中。

消费在概念上有两个要素，其一是满足欲望，其二是经济行为。归属感消费，带来的恰恰是消费上的欲望满足。我们发现，优质的 IP 很容易给用户带来归属感。优衣库深谙这一道理，它不止一次借助 IP 的力量，获得广大粉丝的认同。

总而言之，在现代品牌的运营中，粉丝不但是忠诚度最高的消费者，也是品牌的狂热追随者。在这方面，优衣库读懂了跨界品牌的精神与文化，制作出了与跨界品牌产生共鸣的产品，赢得了市场，赢得了粉丝的心，值得借鉴。

第七课：连锁品牌 IP 化的商业逻辑

先做 IP 聚粉丝，再做门店好生意

国家为人民服务，

企业为客户服务。

——逸马“万利连锁”

过去，我们连锁店的开店逻辑大致是这样的：认准一个行业，挑选开店地址，提供有特色的产品或服务，打造出一家成功的单店。然后，对这个单店进行复制，再开设第二家、第三家……力求做成大规模的连锁。

现在，很多人发现，再按照原来的这套逻辑来开店，简直是步履维艰。且不说如何复制单店，就是想要打造出一家成功的样板店，都变得极其困难了。

为什么会出现这样的情况呢？

简单来说，就是时代变了。在供不应求的时代，客户需要到店里购买大量的刚需产品，也希望自己生活的周边范围内能多一些购物选择，因而连锁店就有了

生存的空间。

现在呢？大家可以网络购物了，各大商超百货的产品也是琳琅满目，如果你的店没有特色，无法吸引眼球，自然就难以招揽用户。客流量低，又没有“铁粉”，如何存活？从商业的本质上看，做生意就是在追逐流量和用户，没有流量和用户，生意怎么做得成呢？

在2017年的阿里巴巴网商大会上，新零售、IP融合成为新网商时代的“关键词”。大家明显地看到，在新零售领域，人、货、场开始重构，人逐渐成为核心的驱动因素，特别是借助IP形象势能拉动用户群体消费，更是得到了越来越多零售企业的认同。

我们一直强调：“国家为人民服务，企业为客户服务。”

既然企业是为客户服务的，既然“人”是核心的驱动因素，我们就不能坐等客户上门，而是要转变经营思路：客户在哪儿，我们就去哪儿！

那么，我们的客户都在哪里呢？

看看各大城市的公交车、地铁、咖啡厅里的人们，几乎有90%的人都在看手机。他们的手机里有什么？微信、微博、豆瓣、快手、今日头条、抖音、西瓜视频、火山小视频、游戏……想想看，是不是这样？客户存在的地方，就是IP最容易贴近他们的地方。

起初，图文并茂的淘宝、微博、微信，是各大商家争夺的流量领地，成就了无数的大V，也成就了无数的微商。这两年，随着短视频的崛起，大量的流量分流到快手、抖音。从心理学上讲，这也是很正常的现象，单纯看产品的字面介绍，不如看图文并茂来得直观；而声色俱全的短视频，又比图文的感官冲击更强烈。

看到这里，大家是不是也得到了一些启发？

过去我们都是先开店，再吸引用户；现在我们要先有用户，再开门店。这就意味着，我们在人、货、场上的投入需要转变。过去的传统零售，在人、货、场的投入比例中，“场”和“货”的投入占较大比重；现在的新零售，却是在人身上的投入占据了最大的比重。说得通俗一点，我们要把大量的投入放在聚集客户身上，有了客户之后再投入场端，最后投入产品端。

那么，用什么样的方式来获取用户呢？很简单，打造吸引客户的IP，主动呈现在客户聚集的地方。

打开抖音短视频APP，大家会看到很多有趣的IP形象，融合着一些贴近现代人生活的情节和片段，让人看了忍俊不禁的同时，也深刻记住了这个IP形象。

试想一下，如果你的IP在线上赢得了客户的认同和喜爱，线下你再开店的时候，把这个IP的形象拿出来，客户会不会一下子认出它，带着好奇心走进去一看究竟？此时，再给客户提供优质高端的产品，是不是更容易让客户转化为“粉丝”？

实际上，这就是一个流量从无到有的过程，而流量本身又能提升坪效。

概括来讲，IP对连锁零售的促进作用，具体体现在以下几个方面：

- 商品内容化，贴近用户的心

IP与零售的结合，就是通过IP引流，通过运营增加转换效率，让圈层、粉丝发生互动体验，产生共鸣，拉近和用户的距离。换句话说，带内容、带话题的商品，更容易撬动年轻消费者的内心。

- 社交属性，带来传播裂变

当实体零售引入IP，更容易找到目标群体，从而产生圈层效应、意见领袖效应和口碑效应，它带来的二次传播是裂变式的。

- 提升销售效率和转化率

有了IP的加持，许多消费者会因为内心的某种情绪被触动，卸下防御和犹豫，缩短或跳过购买决策的犹豫期，直接消费。

超级IP的内核是一个辨识度非常高的、深受认同的商业符号，它意味着身份认同，也意味着自带流量。一旦 IP 品牌化，品牌价值化，IP 的生产传播模式，就会形成合理健康的开发生态。对实体店来说，按照传统的方式招揽客户，效率极低。原因就是，不被了解和认同。倘若能够打造属于自己的超级 IP，引流消费群体，情况就会大不一样。

IP 的成功在于“以客户运营为核心，以内容获取信任，以信任传递价值观，以价值观维系关系，以关系转化为流量变现”。同时，为了保证流量的持续，IP 的产业链还要不断扩充新的、优质的内容，这样才能完成发展的逻辑闭环。

心智时代，得粉丝者得天下

> 站在企业的角度，有行业的区分；
>
> 站在客户的角度，没有行业的分别。
>
> ——逸马“万利连锁”

粉丝，是一群特殊的用户，强烈关注着某一产品或是 IP，不只是渴望了解，还可能成为潜在的消费者。在全网时代，有粉丝就意味着有资源，哪怕是默默无闻的个体，只要粉丝够多，也能拥有超强的影响力。

掌上纵横董事长刘仕儒曾说：“2016 年是 FP 元年，移动互联网的重大机遇就是社群经济和粉丝经济。”他所谓的 FP，就是指粉丝创造（Fans Property）。他说：“IP 是粉丝造就的，背后有一批对 IP 充满情感、文化和消费认同的人群，所以 IP 的不断演进是粉丝群体对 IP 的不断迭代和推动。”

粉丝的力量，究竟有多大呢？网上盛传过这样一段描述：有 100 个粉丝，你就是本校园读物；有 1000 个粉丝，你就相当于一个公告栏；如果你的粉丝超过了 1 万个，你就是一本时尚杂志；如果超过了 10 万个，你就是一份生活都市报；如果超过了 100 万个，恭喜你，你已经晋升为全国性报纸了；超过了 1000 万个，你就相当于知名电视台了。

小米手机的成功，就是粉丝经济的一个热点案例。2012 年，小米集团对外宣布公司销售额达到 126 亿人民币。一家 2010 年成立的公司，摇身一变，成了百亿元俱乐部会员，确实令人震惊。这样的成绩背后，实则是数量庞大而又活跃的“米粉”。借助粉丝的优势，小米又推出了小米盒子、小米充电宝等系类产品，获得了很好的收益和知名度。

这充分说明，优质的 IP 背后都有庞大的粉丝群，而庞大的粉丝群往往也能促生 IP 延展。把粉丝变成消费者不是本事，把消费者变成粉丝才是能耐。粉丝具有经济价值、传播价值和影响力，绝对不容忽视。谁能拥有并锁定更多的消费者，并将其变成粉丝，谁就能够成为赢家。

粉丝经济不是散乱无章的，而是一项系统的工程，是由用户、理念、产品、信息和社群五个系统构成的“五角形”。这几个系统遵照着一个原则：从粉丝中来，到粉丝中去，始于精准化用户，终于组织化社群，以共同的理念和价值观为导向，以产品和内容为服务载体，以新媒体平台的信息为沟通方式，相互支撑协作。

其一，我们要说说用户。没有用户，就不可能有粉丝，更谈不上粉丝经济。任何一个 IP 的发展，都是以用户为中心，尽可能多地了解用户，精准定义自己的用户，越聚焦越好，切不能抱着讨好所有人的想法。

有句话说得好：让爱你的人更爱你，让恨你的人更恨你。经常站在用户的角度去思考，他们有什么样的需求，渴望什么样的产品，获得什么样的体验？

其二，无论什么样的 IP，它最终都会有一个理念，即核心的价值观。打造 IP、建立粉丝社团，一定要展示出自己的独特个性，主动分享，用理念去感召那些有情感共鸣、志同道合的人。毕竟，粉丝都是因吸引而关注，因喜欢而追随。

其三，要把产品做到极致，确保它是用户真正想要的，至关重要。所有的爆款 IP，一定都是紧紧围绕着用户的痛点，让他们感觉这个东西离自己很近，能触动内心。

其四，借助新媒体的各大平台，向用户传递信息，与用户及时高效地进行沟通交流。

其五，集合粉丝，进行社群化运营。社群和粉丝的主要区别在于，社群是一个两两相交的网状关系，重点是用户满足和服务用户，而粉丝经济是以某个点为中心，所有人都围绕着这个中心的明星式经济。社群经济发展到一定程度，能够自我运作，但粉丝经济不会。

无论是社群还是粉丝，没有谁更好之说，无非就是侧重点不同。

做粉丝经济对创始人要求很高，做社群经济考验的是长期的运营能力。若能集合粉丝，进行社群化运营，围绕着爆款 IP 开发衍生品，实现产业化，把关系转化成价值，和粉丝建立起品牌认同，是再好不过的。

喜茶：比你更懂年轻人

只要有人，
一切都可以有。

——逸马“万利连锁”

2012 年，江门小镇开了一家名叫“皇茶”的店铺。后因注册失败，又花高价购买了“喜茶”的商标，将“ROYALTEA 皇茶”正式更名为“HEYTEA 喜茶”。

在开店之前，喜茶团队对产品已经进行了数月的研究，可即便如此，店铺开起来后，依旧是无人问津。当时，微信刚诞生不久，微博也没那么火热，想做营销推广并不容易。喜茶团队唯一的想法就是，靠产品留住顾客。

任何经营者都希望自己的产品有黏性，喜茶也是不断改版优化，推出新品。

渐渐地，人流量慢慢增加了。这个时候，喜茶开始异地扩张，但没想到并不顺利。原本在江门比较受欢迎的产品，到了中山根本卖不出去。后来，喜茶团队才意识到，自己的竞争力主要在于口碑传播，而新店没有发挥出口碑传播的效果。

后来，喜茶开始调整战略，把喜茶定位于做茶饮的年轻化。

在店铺风格上，他们把茶文化中的禅意、灵感等元素融入整体的装修中，顾客会在店里看到枯木、与生活方式相关的杂志等，整个空间都很符合年轻人的口味。在饮品方面，推出的茶饮口味也很贴合年轻人的喜好。

更重要的一点是，喜茶非常注重与年轻人的互动方式，借助周边的小物件，如帆布袋、透明雨伞、卡片、插画等，带给年轻人亲近感，有一种“好物在身边”的体验。在公众号上，他们还推出了社交礼品卡——喜茶心意，网友可在公众号的“礼品卡”板块，向朋友赠送喜茶，并随心搭配文字、照片或视频。礼品卡不仅仅发挥着礼品的功能，还承载着社交的功能。这样的板块直接打通了线上和线下的消费场景。

至此我们看到，喜茶已经不仅仅是卖茶饮的店铺，而是被打造成了一个鲜活的 IP。

喜茶，从来都不缺故事。它不断地传播内容，引爆社会热点。在线上，它用话题制造的方式，让社交媒体和广大网友成为免费宣传的助推手。特别是“排队”事件，制造了一波又一波的热点，无论真相如何，喜茶是真的“火”了。

在产品方面，喜茶也是朝着“极致”的方向前行。什么是极致呢？通俗来讲就是，在一个单品上往死里做，最后成为任何对手都无法抄袭的“价值锚”。

走进喜茶的门店，你会误以为走进了一家咖啡馆。尽管是做奶茶，却有着细致的分工和标准化的流程，从下单、贴杯、制茶，到铲冰、打杯、挂泡，再到奶盖、出杯，都有不同的负责人，井然有序。

这种极致，是喜茶赋予自身的符号价值，制造出了一种精致与高级感。即便有一天，年轻人不再喜欢喝芝士茶了，那也没关系，因为“喜茶”这个 IP，依然还在。

罗森：小众化 IP，撬动高黏性客群

过去的行为过程创造今天的结果，
现在的过程创造以后的结果。

——逸马“万利连锁”

罗森是一家很有前瞻意识的连锁企业。2011 年，当许多人尚不了解 IP 的时候，它就已经把 IP 化运作纳入公司的主要战略中，发展至今已经成为其重要的盈利渠道。

现在，越来越多的连锁零售企业加入 IP 化运营的竞争中，这就意味着，属于它的野蛮生长时期逐渐成为历史，围绕 IP 化变现打造营收闭环，突破 IP 形象同质化等问题，即将成为新的突围点。在这样的情势之下，罗森的高层管理者表示，罗森或将倾向于启动小众化 IP，并在 IP 落地模式上创新，吸引高黏性客群。

罗森的这一计划不是盲目的，它曾经做过一个“客群画像”，发现罗森的主要消费群体都是 25~34 岁之间的人群，其次是 15~19 岁以及 35 岁以上的两个年龄段的人群，且 70% 的消费者都是女性。罗森是便利店，它的目标客户是有较小财产支配权的消费群体，所以罗森更关注 15~19 岁甚至是 12~15 岁的年轻一代，他们也是 IP 消费的主力群体。

相关行业数据显示，像海贼王、全职高手等动漫 IP，深得“95 后”“00 后”喜爱，这个年龄段的客群已达到 3 亿人，围绕它产生的消费规模年均达到 1500 亿美元。正因为此，2011 年后，罗森就把 IP 化运作当成了一大主攻方向。

在运营初期，罗森的主要合作方向是日系动漫形象为代表的超级 IP。不过，这些大众化 IP 也有不少问题，一是同质化过于严重，二是缺少活性，不太容易与消费者进行互动。为了增强消费者的参与感，罗森对落地 IP 的范围进行了划分，以性别为横坐标轴，以年龄为纵坐标轴，形成四大象限，精准对标相关客群开展营销活动。

对蜘蛛侠、黑豹这样的漫威 IP，围绕它展开的“集点兑换手办”的活动会更受男性消费者的青睐；对龙猫、海贼王这样的日系动漫 IP，有故事性和延展性，可供罗森打造互动场景，建设成日漫粉丝的“聚集地”，提升客流量；对热点手游、热门球队等非典型 IP，可以与罗森形成实时互动，出售周边产品，引来消费能力较强的游戏玩家、球迷等群体。

可见，在消费细分时代，IP 产品也开始朝着小众化、精细化运作的方向发展。罗森的选择是，通过小众化 IP，不断滚动更新，每次只精确瞄准一小波高黏性客群，最终聚沙成塔。不过，罗森目前没有打造自有 IP 的计划，原因是一个 IP 要有完整的生长环境，且能够与用户形成互动，如果贸然上线自有 IP，可能是赔本赚吆喝。

成长兔英语：更名背后是教育品牌 IP 化

敬畏我们的客户与伙伴，
我们才能从其身上学到东西。

——逸马“万利连锁”

“宝宝玩英语”是国内 0~6 岁家庭亲子英语启蒙品牌。2019 年 4 月，“宝宝玩英语”正式对外宣布，将品牌名称变更为“成长兔英语”，且发布了全新的“成长 +”战略，推出“成长兔英语精品体系课”和品牌 IP 形象。与此同时，还与牛津大学出版社开展版权合作，引入优质分级阅读读物与儿童绘本，协助课程的研发与内容创作。

从“宝宝玩英语”到“成长兔英语”，大家是否从字面上看出了一些“端倪”？很明显，过去的品牌名体现的全部是功能性，而更改过后的名字，却多了一个 IP 属性。

儿童的记忆特点，主要是形象记忆，因此儿童教育离不开内容，而内容更需要围绕角色展开。我们现在看到的启蒙英语中最常见的内容形式，莫过于儿歌视频。如果能够借助一个或几个固定的 IP 形象，把所有的儿歌都以故事性的内容串起来，自然更容易占领家长和孩子的心智，“贝瓦儿歌”就是一个成功的案例。到现在，在很多家长的心智中，“贝瓦儿歌”不仅仅代表着“贝瓦”这个品牌，还代表着“儿歌”的品类。

成长兔英语主营 0~6 岁启蒙英语，除了需要家长参与以外，更重要的是希望孩子参与。过去，品牌方一直在做家长社群运营，此次打造品牌 IP，目的就是为了增强孩子端的驱动力，用品牌 IP 将所有的课程串起来，让课程变得更有趣、更有故事性、更方便记忆，潜移默化地将 IP 形象植入孩子的心智当中。

打造品牌 IP 的另一目的是为了拥有更加统一的品牌形象，为扩展品类做铺垫。我们都知道，成熟的 IP 不受自身品类的限制，可以扩展到多个领域；同时，它也不受平台的限制。

做教育连锁品牌，自身的基础业务是最重要的，可当基础业务发展到一定阶段后，多数品牌都会朝着扩展品类的方向发展。此次，“宝宝玩英语”更名为“成长兔英语”，并打造出成长兔 IP 形象，目的就是为其品类扩充做准备，如开展以英语为核心的早教、育儿、认知等，或者延伸到儿童文具、图书、玩具、家居等。

在品牌 IP 的形象选择上，“成长兔英语”选择了家喻户晓的“兔子”。在此之前，“宝宝玩英语”的标志图形就是一只兔子，而今将其作为 IP 主体，也可以理解成是延续品牌的无形资产。更何况，兔子也是常见的动物，比较温和可爱。为了与其他品牌的 IP 形象区别开来，“成长兔英语”的品牌方，对原有的兔子造型进行了改造，突出了兔子的门牙，并给它戴上了一顶红帽子，让整体更加符号化。

选择“成长兔英语”这个名字，也是为了凸显该品牌的核心理念——成长 +，既有孩子的成长，也有家长的成长。为了让用户更好地记住这个 IP，品牌方还特意给它起了一个名字——“丹尼”，让它更具人格化特征，同时强化丹尼在用户层面的认知。

我们不能说，品牌 IP 是儿童教育品牌的必经之路，但是借助对“宝宝玩英语”更名为“成长兔英语”的一番分析，还是看得出来，它的确是一条高效之路。

打造有生命力、有价值的 IP

王道无近功，

万事人为本。

——逸马“万利连锁”

“连锁零售 +IP”本身就是一个很有画面感的销售场景。当前的商业竞争中，产品与产品之间并无太大的质量差别，想要脱颖而出变得愈发艰难，因而 IP 就成了一个巨大的亮点。可以说，IP 改变了商业的连接方式。未来的商业竞争更倾向于用户的主观价值判断，考验的是商家的综合实力。

有关 IP 的重要性，以及在商业竞争中的运用，前面已经做了详细的介绍，此处不再赘述。对多数连锁企业来说，最大的困惑和难点莫过于，如何来打造一个有生命力、有价值的 IP 呢？是否有一些可借鉴参考的建议？接下来，我们就侧重谈一谈这方面的内容。

打造 IP 之前，我们要先明确一个问题：什么样的 IP，才算得上是有生命力的、有价值的 IP？在我看来，它应该包含三点要素——原创内容、人格化标签、核心价值。

• 原创内容：IP 本身非万能，好内容才是王道

一个优质的 IP，必然要持续生产出有魅力的内容，因为 IP 的形象是靠内容填充的。有内容的支撑，IP 才可以从空洞无物的形象载体变得鲜活丰满，继而吸引粉丝。如若不然，这个 IP 就不可能有孵化、延展的空间。

什么样的内容才算得上“好”呢？我认为，它需要具备两方面的特性，即娱乐性和情感性。这是一个泛娱乐时代，没有趣味的东西，是难以拥有市场的。在娱乐之余，你的内容还要有打动人心的地方。

• 人格化标签：生动的形象让人产生亲近感

得到 APP 创始人罗振宇说：“信息本身已经变得不值钱，值钱的是信息背后支撑他的人格体。只有跟人格体绑定在一起的内容才会值钱。”他还强调，“任何具备独特性格、个性、魅力的符号，都可以称之为魅力人格。”

从经济学的角度来看，消费者在做决策时，首先考虑的是降低选择成本。置身于信息过剩的商业环境中，以 IP 作为品牌名，赋予其人格化特质，也是在强化内容的识别性，降低消费者的选择成本，继而产生流量。

比如，线上线下都有干果店，而看到“三只松鼠”的名字及 Logo 上的松鼠形象时，消费者立刻就能联想到“三只松鼠”是专门卖干果的连锁品牌，脑海中甚至会冒出“松鼠吃坚果”的画面。很显然，Logo 上三只松鼠呆萌有趣的形象，就是这个 IP 的人格化标签。

在产品同质化时代，内容和形式都是可复制的，唯有魅力人格体是独一无二的。

• 核心价值：时代会变，形式可变，内核永不变

美国迪士尼公司与漫威漫画公司是把 IP 玩到极致的行家。

迪士尼公司对运营 IP，可谓“苦心孤诣打造经典，穷尽开发之能事，无所不用其极”，且不说迪士尼主题乐园高大上的产物，就说它制作出的长篇动画电影，就能寻觅到诸多耳熟能详的身影。迪士尼的产品之所以经久不衰，正是源自其 IP 所承载的价值。

一个有价值的 IP，是借助好的故事和角色，传递恰到好处的情感。一个成功的艺术作品，总是能够抓住人类感情中最为丰富细腻的一面。

米老鼠是一个好先生的形象，经常陷入困境，却总能化险为夷，一副乐观的样子。相比之下，唐老鸭却是一个有不少缺点的、很真实的形象，“唐老鸭之父”卡尔·巴克斯是这样描述的：“它代表所有事物，代表所有人，它会犯和我们同样的错误。它有时是一个坏蛋，有时是一个真正的好人；大多数情况下，它只是和普通人一样笨拙和粗心大意的人。”

再看漫威创造的“美国队长”。他诞生于 1941 年，走过几个不同的时代，可他依然像一个有血有肉的“真实人物”，勃发着旺盛的生命力。他的经历、人生哲学等，就好像现代社会中的人们一样，丰富立体，有迹可循。

所以说，IP 不是画得好，写得好，就能够产生无限的价值。IP 真正的核心，不是流于这些表层的，而是创作中的价值观、文化与哲学。就如前漫威的主画师沃尔特·麦克丹尼尔（Walter A. McDaniel）说得那样：“一个轻喜剧为什么要花费巨大力气去设定背后的整个世界观、宇宙观？因为里面的哲学和价值观才是能永远活下去的，而不会因为时代变化、大家兴趣爱好的变化和呈现形式的变化就会死掉。”

当产品身上能体现出情感和文化元素，消费者不会去在意它的具体形式，这也是 IP 衍生品具有巨大延展性的原因。当一种形式消亡了，IP 可以跳到另外的

一种新形式中，它内在的精神是永不磨灭的，而商业价值也是源源不断的。

连锁品牌 IP 化的五个步骤

> 心为万力之本，心力源于信仰。
>
> 信仰就是信仰，信仰是无条件的。
>
> ——逸马“万利连锁”

在注意力稀缺的时代，IP 引发的商业模式层出不穷，这是用户需求自然表达的呈现。随着消费的升级，用户对商品功能层面的需求已经逐渐削弱，他们更需要的是精神体验。在这样的情势下，拉近与用户之间的情感距离，就成了一种必然趋势。

对连锁企业而言，打造一款自有品牌 IP，实际就是在打造企业的生命线，也是在构建品牌的护城河。因为，品牌 IP 最大的影响力就在于能够根植于消费者的心智，日渐形成行业壁垒，浸润生活方式。

当前，不少具备前瞻思维与独特视角的连锁企业，开始尝试品牌 IP 化道路的探索，但过程并不如想象中那么顺利。那么，连锁品牌 IP 化这条路，究竟该怎么走呢？基于多年来的咨询经验，以及对连锁品牌的深入理解，我总结了一个“五步走”的思路，希望能给迷茫中的或是对品牌 IP 化尚无意识的企业，带来些许的启发和帮助。

- 精准定位，塑造差异化形象

在品牌塑造的过程中，所有企业都想通过超级符号提升产品在市场上的认知度与辨识度，最常见的途径就是 IP 形象的塑造。比如，肯德基的“老爷爷”，星巴克的“美人鱼”，京东的“小狗 JOY”……让品牌 IP 成为独特的、唯一的超级符号，对提升品牌的影响力有着不容小觑的作用。

可现实的情况是，许多连锁企业在品牌 IP 形象的打造上，并没有凸显出自己的特色，而是掉进了同质化的沼泽，被无情地淹没。那么，怎样做才能让这个承载连锁品牌价值的超级符号，体现出差异化，并真正走进用户的内心呢？

我要着重讲两个字——定位。定位涉及战略与方向，定位的本质就是通过差异化，让自己和其他竞争者相区别，建立差异化竞争，获得关注。定位是塑造品牌 IP 的起点，也是后续环节的导航。你的定位是否准确，直接关乎着 IP 的命运。

定位包含四个方面，即情感定位、故事原型、角色定位、符号原型。

情感定位、故事原型和角色定位，实际上前面已经讲过，就是核心价值、内容与人格化标签的问题。至于符号原型，简单来说就是，高辨识度与可延展性。只有独特的、辨识度高的符号，才更容易被用户记住，并实现跨越次元壁和内容壁的发展。

- 构建 IP 簇，形成负成本链接的势能

“IP 簇”是一个商业概念。大家都知道，这是一个信息爆炸、注意力稀缺的时代，IP 要形成簇，以多屏多内容的方式输出，才能够在最短时间内引爆流量，演变成一个吸精的“超级 IP”，在多平台上获得流量，借助用户分享形成负成本链接的势能。IP 簇爆发的同时，也会对超级 IP 的自我构建形成反哺与提升的效用。

- 持续密集地传播，让品牌 IP 深入人心，存活更久

做好前面两个步骤，只能算是奠定了基础，外界的环境不断变幻，竞争形式也是日新月异，一次性的传播很难让 IP 完全植入消费者的心智。在传播方面，一定要走“持续 + 密集”的路线。所谓持续，就是分阶段、有目的、不间断地渗透；所谓密集，就是紧紧围绕主题，多要素并用，集中性爆发，两者一个都不能少。不然的话，辛苦塑造的 IP 形象就会因为缺乏长久的生命力而无以为继，最终变成昙花一现。

• 跨品类互动，实现爆款 IP+ 全产业链

前面讲过超级 IP 小猪佩奇的案例，它就是一个爆款 IP+ 全产业链的范本。爆款是内容，以市场为导向，以商业逻辑和投资回报做考量生发的，而产业链就是基于内容的后续开发。想实现跨品类互动，在设计之初就得保证品牌 IP 的衍生能力，可将产业链延伸到多个领域，实现多品类互动，在不同场景开展“海陆空”多栖玩法，提升用户的体验，加深用户对品牌的理解与喜爱。

• IP 商业衍生，让无形资产成为新赢利点

品牌 IP 想要借力共生，实现商业变现，获得持续发展，必须有跨界合作、衍生周边产品与服务的能力。就如迪士尼公司，它不单纯是一家动画公司，更是一家创造和经营 IP 的公司，每一个 IP 都可以作为一个独立的项目。在营收方面，迪士尼只有一小部分的利润来自票房，其余大部分都来自 IP 衍生品、IP 授权及相关产业，如迪士尼乐园等。

商业衍生是 IP 运营中至关重要的问题，它可以把无形的东西变成有形的东西，甚至是变现。但在我国的连锁品牌中，大部分 IP 都是刚刚诞生，尚未成熟到进入 IP 衍生的阶段，但也正是一个值得精心塑造和运营 IP 的绝佳契机。

从某种意义上讲，塑造品牌 IP，对连锁企业的战略发展和布局意义非凡。目前，我们可参考的国内成功范本并不多，但已经开始有连锁企业踏上了打造 IP 之路，比如下面要介绍的浙商银行品牌升级的案例。我相信，未来会有越来越多的连锁企业重视 IP 的建设。

浙商银行：首席发现官“小红人 Red O”

不能盲目冲撞，

要有备而来。

——逸马“万利连锁”

世界是连锁的，还记得本书开篇时讲到的这一观念吗？连锁，不只是我们看到的连锁超市、品牌专卖，中石油、中石化、银行同样也是连锁企业。接下来我们要讲的浙商银行，虽被誉为“银行界的00后”，但它着实走在了本土连锁品牌IP化的前沿。

科技在不断进步，金融消费方式也在悄然改变，人们对未来银行的期待，不再是满足金融产品和功能的需求，也开始注重银行服务过程中的情感体验。浙商银行在做前期市场调查时，发现了一个“可怕”的真相：银行，正在与年轻人失联！

为什么会失联呢？原因不难想象：年轻一族都很重视时间和效率，能够通过手机、网银和ATM等自助终端解决的存取款、转账等问题，很少有人愿意去银行网点排队。面对这样的现状，如果银行不主动寻求变革，等待它的结果必然是被淘汰。

在这场变革中，浙商银行决定做一个先驱者。

为了把浙商银行的品牌形象与产品有效地结合起来，他们进行了一次大胆的尝试，那就是塑造了自己的品牌IP——“首席发现官·小红人Red O”。

“Red O”是从哪儿来的呢？仔细看浙商银行的新Logo，它就是从那个红色能量棒中演变出来的一个人物形象，它喜欢酷炫和创新技术，乐于体验新兴生活，喜欢谈人生、谈理想，追求财务自由。

咦？这不正是现代年轻一族的缩影吗？从定位上看，浙商银行就是要打破过去银行在年轻人心目中的既有形象，希望借助“Red O”去和消费者建立链接。在运营方面，“Red O”推出了第一代动画视频，以创新者形象和用户之间建立场景互动，更加广泛地影响用户，特别是年轻群体。为了更进一步地贴合年轻人的生活，“Red O”还开展了“斗图大赛”，在微信上推出一大波“Red O”的表情包。

不仅如此，“小红人”还开起了“全国巡回演唱会”。每一家浙商银行新网点开业，都会出现它的身影，和年轻消费者进行近距离沟通。这个“小红人”很前卫，还在网上做直播、开理财专车，酷炫得很。

“Red O”不同于专人扮演的萌物形象，未来，无论是线上还是线下，都少不了它的参与。它不仅可以传递有趣有料的金融知识，扮演一些场景化角色，推荐新产品和新服务，还会经营粉丝群，管理其他衍生品事业。

作为银行业中的一个新兴品牌，浙商银行通过“Red O”品牌IP化的打造，让消费者看到了它的全新形象，也传递着金融消费正在升级的信号。通过场景融入，它为用户提供了贴近生活的增值服务，把线上的金融服务平台与用户日常消费、日常社交有效地链接起来。

未来，浙商银行要以“浙+银行”为依托，支持绿色金融、普惠金融，基于支付、理财、授信、账户等服务，结合大数据、人工智能，构建一个开放的金融生态，让我们拭目以待。

从无到有，是万利连锁的开始

真正的学习不仅是知识的吸收，
更重要的是心灵的转变。

——逸马“万利连锁”

有关IP的内容，碍于时间和篇幅，不再做更多的介绍。

看到这里，不知道大家是否真正理解了IP的重要价值，以及它对连锁经营的意义？换句话说，为什么我们做连锁生意，要把IP放在最前面来讲，原因何在？

我们再来回顾一下“万利连锁”的模式，也算是对这部分内容做一个系统的总结。

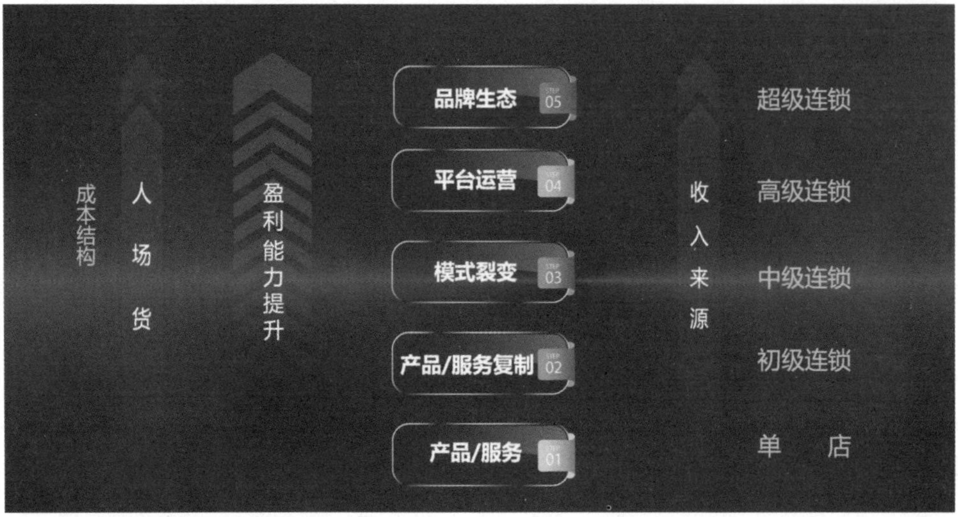

“万利连锁”模型的最底端是——产品和服务。

怎么来提供呢？按照传统的经营模式，通常都是先开店，在“货”上投入约60%，在“场”上投入约30%，在“人”上投入约10%。这很容易理解，过去的二三十年中，我们的市场尚处于物质稀缺时代，商业经营都是以产品为中心的，开店囤货，再卖给客户。

现在的情况发生了转变，物质稀缺的时代已彻底成为历史，市场上的产品同质化竞争激烈，可选择性很多，客户对产品不再满足于单纯的功能性需求，还增加了情感需求。如果再按照过去的模式来经营，就很容易陷入一种尴尬的局面之中：有门店，有产品，没客户。

没有客户就意味着没有收益，没有收益的企业自然无法存活。想要做连锁，赚钱扩张、蓄水闭环是一个重要的根基。如果根基都打不好，就不可能实现复制裂变。所以，当外部的商业环境发生了变化，我们的经营思路也要随之转变。既然“先有产品再引客”的路走不通了，我们不如试一下“先聚客户再卖货”。

那么，如何来吸引和聚集客户呢？

显然，坐等客户上门是不太现实的，最好的选择是：客户在哪儿，我们就去哪儿！

随着微博、微信、短视频的盛行，很多新创企业直接选择在这些媒体上做运营，它们吸引客户的亮点就是——打造一个能跟客户产生情感连接的 IP。这个 IP 可能是一个卡通形象，也可能是创业者本人，它自带人格属性，会吸引一批与之高度匹配的目标用户。当这个 IP 植入目标用户的心智后，再根据用户的需求提供他们想要的产品，做线下的门店生意，从而避开了门可罗雀的局面。这样的经营模式，等于对人、场、货进行了重构，在“人”上投入约 60%，在“场”上投入约 30%，在“货”上投入约 10%。

这个过程也诠释了我们这一章的主题——从无到有。所谓的“无”，指的就是无形资产 IP，从打造 IP 开始，聚集目标用户，建立情感连接，再走向“有”，即开设门店提供用户所需的产品，开始经营有形资产。

这种经营模式也给传统连锁企业带来了一些启示和借鉴。过去，我们大都是从有形资产门店开始经营的；现在，要让更多的客户认识你、认同你，就要开始重视起无形资产的经营，因为这是快速跟客户产生连接的方式，也是互联网时代必不可少的用户思维。

概括来说，“万利连锁”模型的底层逻辑，是从产品为中心转向以客户为中心。我们打造 IP 的目的，也是为了聚集客户、连接客户。一定要有人，也必须要有人，才可能有其他的一切。少了这一根基，产品和服务经营不下去，单店都无法存活，还谈何连锁呢？

要先有客户，后有门店，方是正解。

第三章

模式裂变 |
从“细胞复制”
到“生命进化”

第八课：复制 + 进化 = 一切机体的终极使命

从细胞复制到生命进化

一是孤，二是对立，三是系统；

道生一，一生二，二生三，三生万物。

——逸马“万利连锁”

我们之前提到过一个观点：连锁，是一门仿生学。

为什么说它是仿生学？因为，仿生的核心是复制，连锁的本源也是复制。

要详细解释这一观点，我们还需要先聊一聊生物进化。相信绝大多数人都有过这样的疑问：地球上的智慧生命——人类，到底是怎么来的？又是如何演变成今天这样的呢？

在很长一段时间里，人们普遍相信，生命具有一些超过物理规律的神秘特质，亚里士多德将其称之为“灵魂”。可是，灵魂到底是什么东西，亚里士多德和他的时代尚无能力给出答案，但这种理论却被保持了下来。

亚里士多德去世两千年后，也就是十九世纪，科学家们结合亚里士多德的观点，提出了“活力论”。从活力论的视角来看，生命与非生命的区别是由一种看不见、摸不着的“活力”决定的。当活力消失了，生命也就不复存在了。

“活力”是如此虚无缥缈，如果真的承认它是生命的起源，那就等于说生命现象是无法被人类理解的，人们也不可能在生物的尸体和标本上，发现任何与生命有关的秘密。后来，又有不少科学家相继在这一领域潜心钻研，但那些结论都没能站住脚。直到彼得·米切尔提出了“化学渗透学说”，即生命体可把各种能力来源转化为化学势能，推动最原始的生命离开能量原产地，开始对周围世界进行探索，对环境能量的波动开始产生抵御能力。

然而，仅有物质和能量，就能够制造生命了吗？显然是不够的。物质与能量构成的生命存在一个巨大缺陷，那就是抵抗意外的能力太弱，而地球环境本身是变化的。倘若生命一成不变，慢慢积累的环境改变必然会杀死生命。毕竟，世上不存在能够适应所有环境的超级生命。地球生命想要绵延不断地存活下去，就要想办法提升抵抗衰退与死亡的能力，因为对生命来说，繁殖比永生更重要。

可是，如何实现这一艰巨的使命呢？地球生命给出了一个解决方案——自我复制。

自我复制的意义在于两方面：其一，为生命留下诸多的拷贝，哪怕某些生命个体因为致命的意外而死亡，至少它还有多个“自己”存活于世；其二，在不断自我复制的过程中，会发生细微的变化，而这些变化又让生命具备了适应地球环境变化的可塑性，这就是进化。

在地球的自然史上，自我复制就是生命的标志之一。动物靠基因复制繁衍后代，鲜花靠蜜蜂把花粉传向各处，即便是看不到的细菌和病毒，也是依靠着复制来产生更多的自己。复制出来的物种有极大的相似性，但又不是完全一样的。每个生命个体的后代，或多或少都与父母有别，最终谁能活下来，谁就能继续完成自我复制的新一轮循环，谁就是胜者。

三个推动生命的元素——物质、能量和自我复制，三者在细胞的作用下相互协作，开始生命活动。那么，细胞的形成对生命有什么样的意义呢？

其一，细胞会增加生命活动的复杂程度，加速生命的演化；其二，没有细胞之前，单个分子构成的地球生命很脆弱，尽管在尽力完成自我复制，但稍有不慎就会消亡。细胞出现后，它就产生了生物化学反应，接受自然选择时的可能性也大大增加。

为了提高效率、降低成本，细胞与细胞之间开始分工，相互协作。这样的分工，就较为完美地解决了生存与繁殖之间的矛盾。随着多细胞生物的进化历程逐渐展开，细胞的分工就让生命的形态变得愈发丰富和复杂，也让生物能够使用的生存策略愈发神奇，直到产生智慧。

看完生命起源与进化的整个历程，在感叹它的神妙之余，你是否也觉察到了，连锁经营与生命进化的过程极其相似？或者说，对连锁是一门仿生学的观点，有了更深的体会？

连锁最初的形态就是一家单店，犹如生命体的单细胞，在发展的过程中不断进行细胞复制，既复制模式，也复制团队，同时包含着分工与合作。为了抵抗衰退与死亡的威胁，进一步变得强大，就开始了模式裂变，不仅开展内部复制，还开展外部复制，从单一的企业发展成产业链；最后，打造成一个强大连锁品牌，浸润在不同的领域中。

我们之所以把模式裂变称为连锁企业的“生命进化”，还有一个重要原因：企业在这个阶段之前，盈利收入主要来自产品与服务，但此时的企业已经形成了标准化，并可利用出售标准化的模式开展加盟，收取费用。这就意味着，企业的盈利收入已经不仅仅来自有形资产了，无形资产也开始产生收益。

相比过去开连锁分店、靠产品与服务盈利的模式，这俨然是一个进化式的升级。卖产品肯定不如卖模式，产品越卖越少，而模式越卖越多。模式裂变是无形资产经营的开始，无形资产盈利的出现是开始连锁的标志。总而言之，从模式裂变开始，我们才是真正踏上了连锁之路。

做连锁，就是做复制

> 一家网店复制裂变为十万家网店；
> 一家门店复制裂变为一万家门店；
> 一家公司复制裂变为一千家公司；
> 一家工厂复制裂变为一百家工厂，
> 都需采用连锁的组织形式。
>
> ——逸马“万利连锁”

复制的力量是的惊人，它可以让生命不断地延续和进化；可以让财富创造的速度提升无数倍；可以让思想变成技术的力量……复制，带给了世界翻天覆地的变化。当我们打造出了一个成功的单店模式后，想要做强做大，就要借助复制来扩大市场版图。

我们不妨这样讲，做连锁首先就是做复制。但是，传统的战略思维对复制是有些排斥的，在它的基本战略选择和形式中，优先考虑的是差异性。然而，在我们所创立的能力战略思维中，却要把复制放在最核心的位置。

根据中国连锁经营协会的统计，进入21世纪后，代表连锁业发展趋势的“连锁百强”，仍然以年均超过50%的速度增长，远远超过了社会零售总额年均9.4%的增速，而“连锁百强”在零售额中所占的比重，也在逐步提高。

复制给连锁带来了特殊的价值，也让其在零售业中占据越来越重要的地位。一种业务模式一旦成熟，其复制的生命力就如同细胞的裂变，会成为资本增值的最大驱动力。快速复制的连锁模式，在数量上能够快速满足消费者，从质量上也能给消费者带来信心。

零售商的核心竞争力，主要体现在能不能为消费者提供高性价比的商品，连锁零售和传统单个零售商相比，流通环节减少，商品采购量增加，结果必然就有了价格优势。另外，连锁零售商通常都是专业零售商，更能够保证售卖商品的品质。

复制的强大生命力，势不可挡。对连锁企业来说，可复制的有哪些内容呢？

- 门店复制

门店的复制，带来的是销量的剧增，也是连锁带来的最直接的反应。

以服装行业为例。走进国内的各大购物中心，国外服装品牌琳琅满目，它们无疑都体现出了强大的复制能力。鞋包行业也一样。以奢侈品品牌为代表的LV，2018 年度的净利润达 63.5 亿欧元，同比增长 18%；销售额增长了 10%，达到 468.2 亿欧元，创历史新高。其旗下大多数品牌的中国消费增速达到两位数，销量大涨。路易威登首席财务官让·雅克·吉奥尼（Jean-Jacques Guiony）表示：亚洲地区目前仍然是其主要市场，营收的占比最大，路易威登在亚洲市场的销售额占比达到 36%，除去日本以外，销售额占比也达到 29% 之高，并且逐年上升。与之相对的是美国市场的小幅收缩。随着中国奢侈品消费市场的增长，不少国际顶级品牌都加速了在中国的布局。

相比之下，中国本土的服装或其他品牌的产品，却难以实现这种大规模的迅速扩张，甚至难以在主场找到立足之地。究其原因，与大环境、消费者的消费意识有关，也与连锁企业的发展模式、经营理论有关，这是本土连锁企业需要学习和精进的地方。

- 分部复制

连锁企业的经营，不能只局限于一个区域或一个国家，而是要让企业走向全国，走向世界，即发展成跨国公司。实现这一格局的途径，就是连锁的复制能力。

简单归纳跨国公司，它应具有以下几点特征：

- 有全球性经营动机，实现跨国经营；
- 在多个国家和地区从事生产经营活动，通过设立分支机构或工厂实现；
- 分支机构由跨国公司总部统一管控，遵从公司的全球统一经营计划。

由此可见，跨国经营即是分部的复制。跨国公司通过设立分公司、子公司，把公司的管理延伸到世界各地，微软、英特尔等公司，都是借助这一方式实现其业务的全球发展。

我们熟知的一些大型汽车公司，如丰田、福特等，它们没有在自己的国土范围内全程生产汽车，再运往世界各地，而是通过技术链和管理链，把汽车制造化整为零，将自己的汽车制造技术分派给不同的厂商，实现更加广泛的汽车制造商连锁。

- 文化复制

过去很多年，很多人可能都忽略了文化的复制。一旦深入研究便会发现，文化的力量是惊人的，能给企业带来截然不同的驱动力。

文化的复制，实际上是团队力量的复制。企业家在建立企业时，必然带着某一初衷和目的，它可以称之为企业的愿景。但企业家个人的力量是有限的，他无法独自完成所有的事情，这个时候，组织和团队就诞生了。想实现企业愿景，就要把企业目标贯彻到每一位成员身上，让所有单一的个体都发挥出最大的潜力，实现整个组织的高效运转。

怎样让一个庞大的团队，从几十人到几万人，快速有效地发挥出最大潜力呢？复制，就是绝佳的途径。通过企业文化复制，打造高效的团队，这就是文化复制的效用。

• 模式复制

宝洁公司的产品涉及诸多领域，从美发产品、洗涤用品、婴儿用品，跨越到剃须刀、电池等产品，甚至还有食品。尽管涉猎面广，但这些跨界产品有不少品牌都深受消费者认可和青睐。原因就是，宝洁公司在品牌经营方面，找到了一种属于它的、成熟的模式。通过对这种模式的复制，宝洁的产品线路不断拓宽，保证了品牌的市场占有率和认可度。

模式复制的好处在于，能够推动连锁企业的跨界经营。不少世界巨头企业所从事的都不只是一个行业或一种服务，而是呈现出了多元化发展的趋势。未来，通过成熟的模式运营，连锁思维将会催生出越来越多的大企业，同时也会推动行业的发展以及彼此间的渗透。

连锁经营的复制模式

连锁，
即成为行业领袖之道，
成为产业寡头之道。

——逸马“万利连锁”

我们一直在谈连锁经营，那么它到底是什么呢？

从定义上来讲，连锁经营指的是：“多个企业以一定的形式组成一个团队，并进行分工，分别负责不同的部分，以实现规模效益。”

连锁经营的划分方式有很多，按照连锁商店经营权和所有权集中的程度划分，可将其分为四种：直营连锁、特许加盟、自由连锁、托管加盟。

• 复制模式之一：直营连锁

我们先来说说直营连锁。美国哈佛企业管理顾问公司在《最新企业管理大辞典》中，对直营连锁所作的定义是：“由两个或两个以上所有权与管理权集中的零售机构所组成的，通常是大规模的零售商。”简单来说，就是总公司直接管控连锁店。

直营连锁的典型代表企业有美国的西尔斯·罗巴克百货公司，日本的大荣公司、西友公司。直营连锁是连锁店在发展早期普遍采用的方式，待连锁店的发展进入正轨，规模逐渐变大以后，连锁店就会开始寻找加盟商。

不过，直营连锁也有其优势所在，在此我们简单做个说明：

- 连锁店总部对各个连锁店有所有权，可实行统一管控；
- 资本为一人所有，可与其他行业合作，实现资本增值；
- 发挥信息、物流与现代化管理的整体优势；
- 各连锁店在人才培养、新技术和新产品的研发上保持一致；
- 在全国各大城市开设分店，缩短与消费者的距离；
- 可及时根据消费者的需要，对产品进行改进，吸引更多用户；
- 有效提高低盈利产品的利润；
- 功能相对集中，提高连锁店的市场竞争力。

屈臣氏，想必大家都很熟悉了。

2018年财报数据显示，屈臣氏集团在全球24个国家和地区共拥有14976家门店，同比增长了6%。其中，在中国市场的门店总数达到了3608家，在2018年新增了337家。在拓展市场方面，屈臣氏采用的都是直营方式进入一个城市，不接受加盟。而且，在开设直营店之前，它对选址有非常严格的要求，既要求经营场所的面积，也要考虑人流量。

之所以采用直营方式来做连锁，屈臣氏给出的理由很简单，加盟店的管理容易失控，统一经营管理有利于发挥整体优势，占有市场。而且，屈臣氏整体实力雄厚，有利于和金融界、生产商沟通；选择集中采购也可以有效地获得成本优势。

故而，屈臣氏集团选择在多地自己出资设店，各分店的所有权都归总公司所有。屈臣氏集团总部对连锁分店进行统一管理，店铺只需负责销售业务即可。

- 复制模式之二：特许加盟

特许加盟，也称合同连锁或加盟连锁，指的是特许者与被特许者之间建立契约合作关系，被特许者按照合同要求，在一定区域内，有偿使用特许者的商标、商号、产品、服务、专利以及专有技术、经营模式等。同时，被特许者还要承担相应的义务。

目前，许多连锁巨头采用的都是特许加盟，这源于它的多方面优势：

- 对连锁总部来说，可以节省成本，迅速扩大规模，短时间内扩大传播范围；与合伙人共同管理公司，风险分散；加盟金和特许权使用费，可为特许连锁的发展提供强大的资金保障；商品流通渠道稳定，有利于规模的扩大；总部可以实时了解加盟店的经营状况，及时调整加盟店的数量；统一管理加盟店，提高连锁店在市场上的辨识度。
- 对加盟店来说，加盟门槛较低，没有经营经验也无妨；风险小、经营成本低，提高知名度的渠道多；大量销售低价优质的商品；能快速适应变化的市场环境；集中精力定制营销策略；吸引优质的人才。
- 对消费者来说，在任何加盟店都能享受到优质的服务，买到物美价廉的商品，获得良好的消费体验；有总部的经营理念和管理方式做标杆，加盟店的专业技能有保障。

国内老字号“全聚德”，是一家以中式正餐为主，连锁经营的大型餐饮集团，也是中华餐饮发展进程中，最具代表性的企业之一。1864 年（清朝同治三年），“全聚德”始立；1993 年，中国北京全聚德集团成立；2003 年和 2004 年经过两次重组，成立了中国全聚德股份有限公司；2007 年，“全聚德”在深交所挂牌上市。截至 2019 年初，集团在国内几十个城市已有百余家门店，海外在日本、加拿大、澳大利亚、法国等国家和地区拥有多家特许门店。

全聚德的菜品共有 400 多种，把这样一个中餐店做成连锁企业，着实不是一件容易事。毕竟，从菜品上讲，它的难度和复杂度远超麦当劳和肯德基的薯条、汉堡等食物，它呈现给顾客的必须是同一味道的烤鸭。这是市场的硬性要求，也是实现特许经营的关键。

全聚德是怎么做的呢？它建立了全聚德食品厂，这相当于“中心厨房”，对鸭坯、荷叶饼、烤鸭酱进行统一配方、统一加工、统一销售、统一配送。历经八个多月的定标工作，全聚德推出了除烤鸭以外的几十种“标志性菜品”，要求所有特许店都要经营。

全聚德与加盟店签订合约，加盟者要符合相关条件，遵守全聚德的制度，接受全聚德的统一配送，统一使用全聚德的微电脑烤鸭炉，以及餐饮计算机管理系统，缴纳相关的特许经营费用，所有的特许店只有所有权，没有经营权。为了贯彻制作的标准，全聚德集团进行了严格的培训工作，为的就是确保全聚德的菜品品质能够实现统一。

当然，由于中餐的特殊性，以及消费者口味的地域性差异，除了这些“标志性菜品”以外，全聚德允许加盟店各显神通，根据当地的实际情况设计相应的菜品，如四川的全聚德可以做川菜，广东的全聚德可以经营海鲜，以保证消费者既有目标性，又多了选择性，让全聚德连锁店成了共性与个性的有机结合体。

- 复制模式之三：自由连锁

自由连锁，也称资源连锁，其联合经营的个体的资本所有权保持不变。

通常，自由连锁是由几个或多个不同资本的商家联合组成一个总部，采用一样的进货渠道和配送方式。自由连锁与直营连锁、特许连锁最大的不同在于，每个加盟店的所有权和财务都是独立的，加盟店不作为总部的附属参与经济活动，只是在订货与送货方式、广告宣传、营销策略等方面，和总部保持一致。

另外，每个加盟店都是自负盈亏，且内部的人事调整也拥有自主权，不一定要跟总部保持完全相同的经营品种、经营方式和策略，只是每年向总部缴纳一定的加盟金即可。

自由连锁的优势有很多，具体表现在以下几个方面：

- 总部把各个加盟店聚集起来，发挥团队的作用，实现规模化效益，并在市场中获得竞争优势。
- 在各地建立连锁分店，总部节省经营成本，降低风险，缩小与消费者的距离，及时了解消费者需求，有利于不断完善产品和服务，调整营销策略，带给消费者更好的体验。
- 各地分店可以通过消费数据，了解消费者的生活习惯，以及消费需求，将精准的数据反馈给总部，以便总部及时做出策略调整，提升市场竞争力，增加用户黏性和忠诚度。
- 自由连锁为市场提供了大量的就业机会，中小企业也能提高自身竞争力。

SPAR 是一个国际性零售集团，由全球各地独立持有及运营的零售商及批发贸易商们组成，并共同在 SPAR 品牌之下，为服务的本地社区提供高质量、高性价比的购物体验。自 1932 年在荷兰成立第一家门店以来，SPAR 经历了八十多年的快速发展，在全球拥有 13000 多家门店，成为世界上规模最大的食品自愿连锁体系。

20世纪50年代，奥地利有11家批发商加入SPAR国际。历经20年的发展合作，这些批发商之间建立了稳定的、信任的关系，开始对品牌、理念、规则进行统一，最后合为一体，组建了一家股份制公司，牢牢占据了第一的份额，甚至迫使家乐福不得不撤出奥地利市场。

2004年，SPAR应商务部和中国连锁协会的邀进驻中国，协助中国发展自愿零售连锁模式。目前拥有SPAR山东、SPAR广东、SPAR北京、SPAR四川、SPAR河南、SPAR河北（张家口）、SPAR云南、SPAR河北（石家庄）八大合作成员。山东家家悦、河南思达、广东嘉荣等耳熟能详的超市，都跟SPAR通过股份合资的形式进行合作。这些合作伙伴，在开店三年的时间里，年平均增长率接近50%。

SPAR为自愿连锁的零售商提供的优势包括：优秀的超级经营技术和信息，SPAR网络的组织，协调交流的经验，促进诸多联盟零售商之间的合作销售，提供统一而有效的营销策略、展示方式，以此吸引消费者。

在全球范围内，中小型的零售企业生存空间越来越狭窄，竞争压力也很大。在这样的处境之下，SPAR所扮演的角色就是帮助这些中小型零售企业提升竞争力，给区域中小型零售企业带来更多的价值，先带给它们先进的经验与经营技术，再让它们各自成为中心。在此过程中，SPAR会与供应商协商采购条件，借助所有利于合作的供应商来支持区域内的中小零售企业，同时也为供应商的出口提供渠道。

- 复制模式之四：托管加盟

托管的模式常见于酒店行业，输出品牌和管理，按照营业额收取托管费用。这种模式投资风险比较小，盟主品牌要绝对强势。所谓托管，就是总部对加盟商的一种管控方式，为的是实现更好的店铺控制，保证运营质量而采取的控制方式。

传统的加盟连锁模式，都是加盟商先缴纳加盟费，然后使用连锁企业的品牌，由总部为其提供货源，由加盟商自己管理店铺。但一个现实问题是，很多加盟商本身并没有经营管理的经验，所以在加盟后根本不赚钱，开了一段时间后就闭店了。这样一来，自然就会影响到连锁企业的口碑和收益。

为了避免这样的情况，海澜之家设计了一个收益保底的模式。

首先，加盟是完全免费的，但加盟商要缴纳100万元的保证金。保证金的期限是五年，五年之后无息返还。换句话说，你交100万元的“押金”，五年后如数归还。加盟商要负责的费用是五年之内的店面租金、税费装修等，其收益是每天结算30%的销售款。

其次，加盟商想要保底收益，每年再缴纳6万元。这样的话，海澜之家可以保证，加盟商可以获得“五年税前不少于100万元”的利润。哪怕这个加盟店不赚钱，海澜之家也会给加盟商100万元的利润。

我们不妨来算一笔账：如果加盟商选择了“保底模式”，店面租金和装修花费30万元，加盟费是6万元 ×5年＝30万元，那么加盟商整体投入的成本就是60万元。当然，这只是我们的一个估算，具体情况可能会因地域存在差异。但不管怎样，五年保底税前100万元，对加盟商而言就意味着，五年之内会有税前几十万元的收入，只要你加盟了，你就是赚钱的。

如果你是加盟商，有企业向你保证，只要你加盟就一定能赚钱，你会不会做？条件允许的话，肯定会做。所以，即便在有同行闭店的情况下，因海澜之家保证了加盟商的利益，加盟者依然络绎不绝。

海澜之家所有的加盟商，没有经营权，门店都采用严格统一的标准化管理。这样做的目的是为了有效地进行品牌管理，让品牌持续有效。因而，它的这种模式叫作联营托管。

看到这里，不少人会心生疑问：海澜之家给了加盟商利益保证，无异于把所有风险都转移到了自己身上，那它靠什么赚钱呢？这才是我们要谈论的核心。

海澜之家是卖男装的，但它没有服装工厂，生产的工厂也没有设计师。在整个过程中，海澜之家担任的角色类似于一个“中间商”，链接上游供应商和下游的加盟商，它自己只负责品牌运营、产品设计和供应链管理。

上游供应商按照海澜之家提供的设计来生产服装，如果服装上货两个季度后卖不出去，供应商要接受100%的退换货。这个条件听起来不太合理，但供应商为何还会答应呢？原因就是，海澜之家的上游供应商，起初都是江浙地区一些有工厂、有工人、没订单的小企业，如果没有这样一个平台，它们可能早就倒闭了。正所谓，聊胜于无。在举步维艰的情况下，能够保证生存，他们自然愿意与海澜之家合作，哪怕个别条款有些苛刻。另一方面，海澜之家通常不打折、不降价，这也是为了保证供应商的利益。

从表面上看，海澜之家是经营男装的，但我们现在了解到，它的本质并不是卖服装，而是卖服装供应链与门店的管理能力。它选择了轻资产模式，即提供一个平台，把各种资源组织起来，发挥最大的作用。很多人说，电商的本质是流通的生意，有了流量和入口，卖什么都是赚钱的。海澜之家的模式，相当于在做线下的流量，它的实体店遍地开花，这本身就是一个广告，一个流通的入口。

对连锁企业而言，复制的前提是有一个相对成熟的模式。有了模式的东西，才可以复制出来。我曾经提到过，在哲学化管理理论中，模式=理念+方法。如果你希望把自身的业务模式进行批量复制，那你首先要完善经营模式与赢利模式。结合上述所讲，海澜之家选择的联营托管模式，着实为本土的连锁企业提供了学习和借鉴的范本。

复制不是简单的COPY

复制是即复制形又复制神，

核心是流程复制与文化渗透。

——逸马“万利连锁”

前面我们提到过，稻盛和夫创立了“阿米巴经营”，并且将这种经营模式进行复制，最后把京瓷和 KDDI 电信公司都做成了世界 500 强企业。见到这种模式的神奇效用后，不少日本企业都开始效仿实施“阿米巴经营”，也实现了一定的效益提升。

面对这一幅美好的景象，我们不能否认“阿米巴经营”的有效性，但如果随意选取一个企业，让它采用“阿米巴经营”进行经营管理，结果会怎样呢？答案就是两个字：难说。可能有积极的效用，也可能彻底把企业做死。

这样说的目的，就是想澄清一个观念：复制，并不是简单的拷贝（COPY）。照葫芦画瓢，谁都会做，但很有可能，“画虎不成反类犬”。连锁的核心是复制，但复制是有要求的。

不少企业在发展的过程中，仍处于一种懵懂迷茫的状态，很多方面都不够清晰。比如，没有清晰的战略，管理方式也很混乱，甚至有些企业连自己的文化也没有。尽管是一个组织，一个集体，但团队中的每个人都各行其是，彼此之间没有任何关联。更有甚者，在部门与部门、员工与员工之间，还形成了对立与敌视的状态。

这些处于迷茫阶段，各方面较为混沌的企业，尚处于发展的初级阶段，还没有真正地成长起来。在这一阶段，企业管理者都在积极地探索出路，有些企业的成长欲望较强，着急发展和扩大，于是就去学习和复制其他企业的成功之处。

这样的态度是可嘉的，但方法未必合适，也未必奏效。因为他们的学习方向和途径是盲目的，且很多企业的学习比较孤立，只是派员工去学习，回来之后发现，学的那些东西没有用武之地，要么是不能用，要么是不管用。换句话说，COPY 来的那一套系统不适合自己的企业，没有可操作性，或者复制了别人的方法和经验，实践过后发现不太管用。

我们为什么要重视连锁，研究连锁？从这个层面来说，就是学习如何复制和利用。

有一本书叫《海底捞你学不会》，相信不少朋友都看过。我们暂且不去讨论，海底捞到底能否学得会，但我们需要看到的是，海底捞的创始人张勇，有他独特的领导魅力和管理方式，且这种方式发挥出了有效的作用。

海底捞最大的特色是什么？不是火锅，而是服务。这种服务精神，我们的企业能否学习和复制呢？没有问题。任何企业想做大做强，都要做好服务。那么，要服务好谁呢？只是服务消费者和客户吗？不尽然，海底捞告诉我们，还要服务好自己的员工。

总之，在海底捞身上，我们看到的精髓是“服务”，可服务该怎么复制呢？不是要照搬海底捞的模式，还是那句话，适合它的未必适合你。这就如同我们在管理中会讲到放权，这是一种可复制的方法，但具体怎么放权，各家不一。

再以“阿米巴经营”为例，很多企业采用这一模式提高了效益，国内也出现了一些专门研究和培训阿米巴经营的人员。然而，“阿米巴经营”不是放之四海而皆准的经营模式，它也有自己的适用条件。有人曾经做过研究，并总结出实施“阿米巴经营”需满足两个条件：

其一，企业经营者具备人格魅力。我们都知道，稻盛和夫带领的京瓷公司其管理理念是以人性为基础的，其信念是实现物质与精神的双重收获，并要为社会做出贡献。所以，领导者的公平公正、无私友爱，对员工有很大的激励作用，能够调动他们的积极性。

其二，稻盛和夫不只是一位企业家，还是一位哲学家。他把哲学融入企业管理中，提出了“以心为本的经营”“伙伴式经营”“玻璃般透明的经营”等经营理念。每一个“阿米巴”之间，都要有相互为对方考虑的精神，平衡利己与利他、部门与整体的关系。做不到这一点，“阿米巴经营”是很难实践的。

虽然很多企业通过“阿米巴经营”的方式取得了显著成绩，但这并不表示“阿米巴经营”适用于所有企业。如果企业本身不具备这样的文化与内涵，更是要谨慎复制。透过这样的分析，我们希望企业能够再度明晰一点：复制不是简单的COPY，要复制某种成功经营理念背后的系统原理，以及它的经营思想，然后结合本企业的实际情况，打造出一个自己的体系。如果不理解其内涵，不培养适合的企业文化土壤，不懂得怎样把成功的经营思想转化为能够落地的具体系统和实践方法，那么，复制的结果可能会与预期背道而驰。

复制决定连锁的境界

> 连锁经营的五大法宝：
>
> 复制、裂变、合伙、特许、授权。
>
> ——逸马“万利连锁”

复制做得好不好，直接决定着连锁的境界。通常来说，连锁有三重境界。

- 第一重境界：连而不锁

当企业缺乏标准化、监管不力、复制走样时，很容易出现“连而不锁”的乱象。

比如，大街小巷随处可见的 ×× 小吃、×× 米线、黄焖 ××；遍布小区居民楼下家族化经营的、店名相同的小型超市；打着同一块招牌，但在经营过程中却各行其是的药店……我们虽然不能简单粗暴地将其排除在连锁经营的范畴之外，但从客观上讲，它们的位置的确很尴尬，正处于连而不锁的第一重境界中。

为什么会出现连而不锁的情况呢？原因无外乎以下几点：

第一，成功的惯性。很多连锁企业顺利地实现了从无到有、一生二、二生三的过程，至此便认为，只要能延续成功的经验，便可以实现“三生万物”了。但他们忘了一个至关重要的问题——复制裂变的过程中很有可能发生“走样”的情况。况且，随着加盟数量的激增，经营的问题也开始悄然发生变化，如果领头人意识不到这一点，依旧在凭借成功的惯性去管理一个早就今非昔比的连锁企业，就很容易导致“连而不锁”的局面。

第二，战略的缺失。把一家店发展成十家店，是战术上的问题；可把十家店管理成“一家店”，却是战略上的问题。许多连锁企业不缺乏聪明的战术，却鲜有智慧的战略，而战术上的勤奋始终无法弥补战略上的懒惰。所以，重战术轻战略，是“连而不锁”现象发生的第二层原因。

第三，品牌观念淡薄。许多连锁企业把品牌建设简单地等同于提升知名度，进而认为花钱打广告就是在打造品牌。大家不要忘了，品牌是外化的，也是内化的，甚至很多时候，让自己人认可自己的品牌，比让消费者认可自己的品牌更重要！如果不能认识到这一点，也很难走出“连而不锁”的怪圈。

连而不锁的现象，最终必然导致松散混乱的局面，而一个连锁企业的机体，在这样的情势之下自然也无法发展和壮大。因为它没有先进的经营管理方式与理念，也没有实实在在可持续的品牌价值。不夸张地说，这样的经营状况只是看起来像连锁，绝不是我们所要提倡的连锁，它距离真正的连锁还有很长的距离。

- 第二重境界：既连又锁

连而不锁，通常是企业在连锁经营方面的初级形态，处于这种情况下的企业，尽管具备了连锁的特征，在经营过程中通过复制规模，实现了一定的扩张，但其连锁链条是很脆弱的，非常不稳定，最后注定要走向混乱，这是不可逆的趋势。

我们说的连锁，既需要“连”——通过不断复制相同的模式、渠道等，实现更广的覆盖面；还需要“锁”——加强对连接点的有效管控和督促效益实现。唯有二者结合，才能形成连锁。连锁不是简单的布点，而是一个动态的过程和操作。

当连锁经营在达到一定规模之后，我们必须避免掉进“连而不锁”的漩涡，朝着“既连又锁”的境界迈进。如何实现既连又锁的目标呢？方法不一而足，但衡量的指标却是比较明确的，关键性的指标主要有：

连锁经营的第一道“锁”，就是“标准”。一个连锁企业有没有复制的标准？它的标准能不能满足企业当前的发展和管理的需要？这是值得所有管理者思考的问题。另外，拥有了标准之后，还要考虑能否把标准执行下去？一纸空谈的标准毫无意义，只有那些能把纸面上、口头上的标准落实到实际中的企业，才算是拥有了这第一道锁。

更重要的一点是，连锁企业的管理者应该认识到，标准化既是管理的要素，也是品牌的要素。标准是品牌的基础，先有统一的标准，而后才有统一的品牌。可以说，在连锁经营的品牌化之路上，标准化是绕不开的一道坎儿。

连锁经营的第二道锁，就是“依赖性”。所谓的依赖性指标，其理论基础来自“资源依赖理论”。该理论的核心，可以用一句话概括——A 对 B 的依赖，形成了 B 对 A 的权力。说得更直白、更贴切一些就是，在连锁经营的模式中，总部想要“锁定”上下游，即供应商与加盟商，让他们依赖你。这一指标的达成，是连锁企业的一个重要的转折点。

连锁经营的第三道锁，就是“共同发展”。连锁企业锁得牢不牢，取决于标准化指标和依赖性指标；而锁得久不久，则主要取决于共同发展指标。所谓共同发展指标，其核心是一个分配机制的问题。

有些连锁企业，总部赚得盆满钵满，分部过得举步维艰，这绝非长久之道；有些企业则正好相反，分部发展迅速，却没有形成良好的向上输送机制，总部无法从中获取应得的利润，无法进一步从总体上谋划发展、开拓蓝海，这也是难以长久的。前者是“头脑发达四肢孱弱”，走不了太远、太险的路；后者是“四肢发达头脑简单”，总有莽莽撞撞走错路、掉沟里的一天。所以，二者都不足取。

好的连锁企业，决不能一损俱损，但千万要一荣俱荣。只有通过制定合理的利益分配机制，才能形成稳定的合作关系、从属关系，实现既连又锁的目标。值得注意的是，这里的利益分配机制，指的不仅是财务的分配，也囊括了人员的分配。我们不仅需要让钱“转起来”的财务分配机制，更要探索让人才“流动起来”的人才流动机制。二者结合，构成了完整的“利益分配机制”，形成了共同发展的态势。

在复制的过程中，构建标准化，形成依赖性，实现共同发展，这是连锁企业所要越过的三道门槛。如果站在一个比较高的高度来衡量的话，跨过这三道门槛，企业的连锁机制才算是入了门，才有了稳步向前的力量，才有了与群雄逐鹿中原的入场券。

- 第三重境界：不连而锁

连锁品牌是怎么来的呢？简单来说，就是开店开出来的。

当企业能够实现良好的复制，做到既连又锁时，往往就意味着已经走到了模式裂变的阶段。前面我们也说过，卖产品不如卖模式，模式卖得好，无形资产的盈利比重就会大幅上升，这时，企业就发展到了品牌生态的阶段，实现不连而锁的境界。

我们可以从多个渠道感受到消费者对华为产品的热衷。这告诉我们，一个真正有影响力的品牌，就如同一个闪耀的灯塔，即便它的产品没有提前设定种种渠道，但它依然能够延伸到各个消费者能够接触到的地方，让消费者感知体验，并在一开始就抢占销售的先机。

华为的产品就是有这样的魅力，它彻底颠覆了一般产品生产、铺货等流程的惯常操作，而让消费者走到了产品销售的前端，即主动生产消费者需求，让消费者主动寻觅产品。这就是不连而锁的境界，也是不连而锁的力量。

连锁进化论：在复制中升级

裂变是连锁组织的扩张与活化，

核心是创业机制与赋能平台。

——逸马“万利连锁”

受电商冲击等影响，不少传统实体百货和商超步履维艰甚至关闭门店。出现这样的情况，应该说是一种必然。在自然界中，物种想要生存下来，最重要的是复制+进化，以此来适应环境的变化。同样，在商业界里，企业要想生存下来，也离不开这样的模式。对连锁企业来讲，必须要锻造出自身强大的复制系统能力，再结合外部环境的变化，不断对自身进行升级。

从复制系统能力上说，经营多年的大型连锁零售商是有一定可取之处的，但它们中的一部分没能及时意识到环境的变化，在复制的过程中没有进行升级，或是升级速度缓慢，没能够抵挡住消费升级与新科技带来的巨大冲击。

无论是多么悠久的老牌零售店，如果不能满足消费者更高层面的需求，不能让消费者满意，销量和销售额必然会下降，最后的结局就是被无情地淘汰出局。从残酷的程度上看，存活于商界不比存活于自然界容易，适者生存的法则是相通的。

传统门店经营的基本要素是——人、货、场，为消费者提供所需的产品就可以了。现在是智能商业时代，再按照旧有的方式来做生意，显然已经行不通了。因为许多东西不一定要跑到百货商店去购买，线上购物也可以，还能免费送到家。

现在的经营理念是一切以“人”为中心，消费者喜欢什么、需要什么、追求什么，就要经营什么。前面我们也讲到了，要先聚集人，再到货，最后是场景。场景不能太单一，要多元化，这样能够提升门店的销售，比如线上订单实体店取，麦当劳就有这一服务，大大节省了消费者的时间，同时也增加了门店的销量，提升了品牌认可度。

所以说，传统门店必须认识到“人”的变化、“货”的需求变化、“场”的变化，才能在复制的过程中准确升级，再在升级的基础上不断复制，相互促进。有句话说得好：“没有成功的企业，只有时代的企业。”看清趋势，不断升级，才能活得更好。

那么，传统运营模式要怎样升级，才能进化到智能商业模式呢？

- 实体门店升级，提高商品力和顾客的体验；
- 全渠道融合发展，线上线下全盘打通、融合；
- 打造社区生活链接器，实现想到即刻得到的体验；
- 实现活数据闭环，依靠机器根据数据自动完成决策。

工业社会与信息社会的企业，在生存方式上是有区别的。工业社会里的企业，就像是以简单基因复制为主的微生物；而信息社会里的企业，则是采取多元化进化升级策略的高级动物。

以上述这段话来归结我们此节的内容，真是再恰当不过了。在互联网、数据化、智能化时代，我们的连锁企业不但要具备强大的复制能力，还要有把握时代趋势的能力，实现差异化、多样化的创新升级，从单店起步走向模式裂变，再到平台运营，最终打造出品牌生态圈。

第九课：要裂变，不要剧变！

连锁扩张裂变的两种模式

特许招商就是引商、选商、养商。

——逸马“万利连锁”

“裂变”这个词语，原本是一个物理学概念。

重原子核分裂为轻原子核，同时释放出大量的能量。在适当的条件下，这样的反应过程会自动持续下去，构成所谓的“链式反应”，人类可以根据需要利用核反应过程中释放出的能量。

上述的这一反应，又被称为“连锁反应”。相信大家在认识物理裂变时，也看到了商界连锁经营的影子。前面我们一直在谈论复制，那么复制的目的是什么呢？毫无疑问，是为了实现模式裂变。

裂变对连锁企业来说，不只是规模的增大，它还会释放出能量，提升连锁企业的竞争力。连锁裂变通常有两种模式，一种是内部扩张，即门店合伙人模式；另一种是外部扩张，即特许经营。

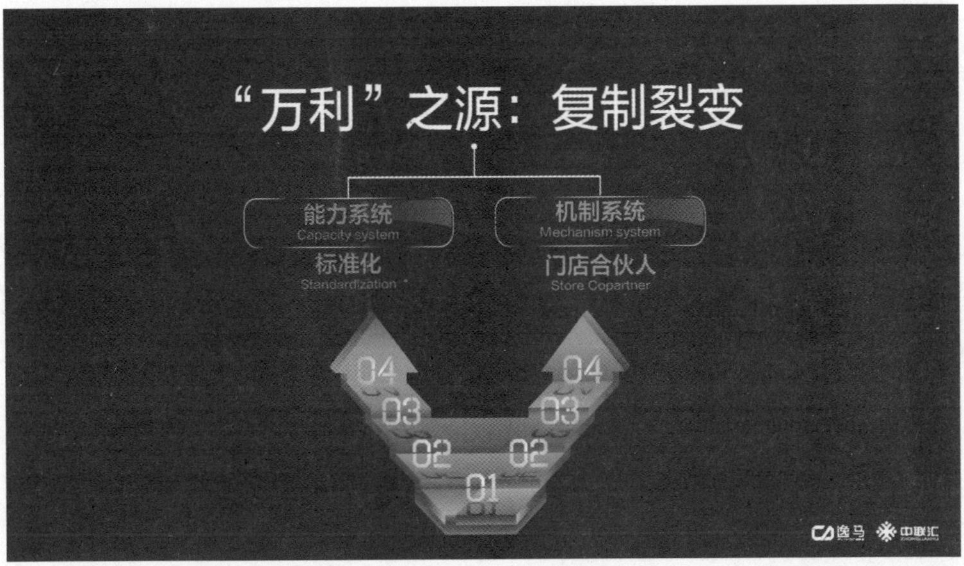

• 门店合伙人模式

为什么要发展门店合伙人呢？原因主要有三点：

其一，资金方面。通过发展内部合伙人的方式，可以解决企业的资金问题。比如，万科的事业合伙人，即通过合伙人共同出资，最后实现全国各分公司项目的快速推进。

其二，人才方面。传统的人力资源，很容易陷入“人难招和人难留”的瓶颈。合伙人模式可以有效地吸引、绑定和激励优秀的人才，解决门店人才短缺的问题。

其三，精力方面。实行合伙人制，可以让老板简化管理，提升效率，有更多的时间思考战略问题，而不必陷入纷杂的事务中。

• 特许经营模式

特许经营，是指企业通过契约的形式，授权其他企业在特定地区提供其产品和服务，通过契约的形式规定双方的权利和义务。特许经营既是连锁企业的扩张战略之一，也是加盟进行创业的重要途径之一。

世界各行各业的品牌巨头，都证明了特许经营这一商业模式的价值，如沃尔玛、麦当劳、希尔顿酒店、7-11 便利店、迪士尼乐园等，同时，也为全球中小企业的成长与个人创业提供了成功的借鉴。特许经营是全球经济中不可忽视的重要力量，许多发达国家将特许经营作为知识经济的核心商业形态。

特许经营相较直营连锁而言，最大的益处在于，它的经营范围很广泛，不只限于商业和服务业，在制造业也被广泛使用。而且，通过这种模式，企业可以降低抢占市场的时间和成本，增加资本应用效能。

雇佣制是火车，合伙制是动车

> 机制的设计应适应人性，而非违背人性；
>
> 管理表面上是管事，实际上是理人。
>
> ——逸马“万利连锁”

本土连锁企业的经营者，有不少都经历过这样的困局：开五家店的时候赚钱，眼见着发展势头不错，就扩张到了十家店。结果，好势头一去不复返，店开得多了，反倒赔钱了。

为什么会这样呢？原因就是，随着门店数量的增加，人才、经营和管理等方面的问题日益凸显，店长和门店经营团队人才不足，跟不上门店的扩张速度。这必然导致沟通效率低下，监管成本过高，员工的积极性和创新动力不足。平庸的员工就在店里混日子，优秀的员工看不到前景，通常就会另寻他路，或者自立门户。

我们可以想象，如果每家店浪费 10 元钱，100 家店就要浪费 1000 元钱。10 家门店考验的是老板的经营智慧，而 100 家店考验的则是老板的治理智慧。怎样才能够聚集更多优秀的经营人才呢？怎样才能驱动门店不断创新，激励店长把门店当成自己的门店来经营？

答案就是三个字：合伙制。

有人做过形象的比喻，说雇佣制是火车，合伙制是动车。传统的火车自然要靠车头带，车头的力量是有限的，所以速度就会比较慢；动车不同，它多采用动力分散技术，列车各个车厢上的发动机或电动机都能够提供动力，每一节都能保证足够的力量，所以它的速度就很快。

影响连锁企业发展扩张的因素有很多，如战略定位、经营模式，再如产品服务体系，但这些都不是最核心的，这些因素背后的核心其实是人才。连锁经营连锁的不只是店，更是人。只做事，不找人，只解决经营问题；不构建人才土壤，所有的一切都是在修剪枝叶，没有牢固的根基。到最后，又是老板一个人迎头奋战，员工则处于似有似无的状态。

是老板一个人的力量大，还是全体合伙人的力量大？是老板一个人的点子多，还是集思广益来得更有创造力？对于这些问题，我们心中都有答案。

过去的模式是资本雇佣人本，人本为资本打工，两者之间的关系是不平等的。当人本与资本不平等时，自然就会形成博弈。博弈的结果，肯定是内耗。就算你的产品不错，商业模式也很好，内耗的存在也会削弱它们的力量。

只有资本归资本，人本归人本，不试图绑架彼此，而是要成就彼此，这样的模式才能产生更大的创造力，实现 1+1 ＞ 2 的结果。

建立合伙人制度，一是对人才价值和付出的认可，给予人才合理的回报；二是有效地激发人才的创造力，将企业经营行为下放给合伙人团队，从而吸引和留住优秀的人才。通过企业组织形态、经营形态的转变，可以实现从产品、服务型企业，走向平台型企业。

那么，连锁企业该如何实施并完善合伙人机制的设计呢？接下来，我们结合几个真实的成功案例，对几种合伙人制度进行详细分析，以供连锁经营者参考借鉴。

永辉超市：超额分红制

大老板经营人，

小老板经营事。

经营人就是经营人的各种欲望。

——逸马“万利连锁”

在超市行业，一线的员工是最辛苦的，干的活也是最脏最累的，而薪水却很微薄，底层员工的行业流动性也非常高。怎样提高一线员工的工作积极性，让他们在创造业绩的同时拉升超市的利润，这是整个行业都关心的问题。

2019 年 4 月 26 日，永辉超市发布 2018 年度报告。永辉超市 2018 年全年营收达 705.1 亿元，同比增长 20.35%。归属于上市公司股东的合并净利润 14.80 亿元，同比减少 18.52%。减少的原因，受 6.64 亿元员工股权激励费用及云创板块亏损影响。当其他传统超市感叹电商造成的巨大冲击时，永辉超市似乎并未受到影响，依然拿出了亮眼的业绩。

很多同行都在追问：永辉超市是怎么做到的呢？其实，支撑永辉超市快速发展的一个至关重要的因素，就是“超额分红机制”的门店合伙人计划。

总部与经营单位（通常是门店或柜组），根据历史数据和销售预测一个业绩指标，如果实际的营业额超过了这个指标，增量部分的利润按照比例在总部与合伙人之间进行分配。比如，店长拿到这笔分红后，就根据其门店的岗位贡献度进行二次分配，最后让分红机制照顾到每一位基层员工。

概括来说，“永辉合伙人”不享有公司股权、股票，只有分红权，相当于总部和小团队的利益再分配；在激励机制方面，“永辉合伙人”不同于常规的绩效考核制度，而是借鉴了阿米巴经营的思维——人人都是经营者，相当于总部与小团队的业绩对赌。

在“超额分红机制”的合伙制之下，超市经理和骨干员工都会树立起经营思维与服务意识，这使生鲜的耗损率大幅降低，而服务满意度却远超其他品牌超市。与此同时，超市对员工招聘和解雇都是由员工组的所有成员决定的，所有收益大家共同分享。

这样的模式把永辉一线员工都联合起来，不仅降低了企业的管理成本，还降低了员工的流失率。对员工来说，合伙制是一种在收入方面的“开源”；而对永辉来说，更是一举两得，既“开源”又“节流”。

百果园：店长合伙人制

> 利润中心是连锁企业的核心，
> 其关键岗位必须是企业自我培养出来的。
>
> ——逸马“万利连锁”

在竞争激烈而残酷的生鲜领域，百果园把生意做得如火如荼。目前，百果园线下门店有 3700 多家，2018 年的销售额超过 100 亿元，市场份额在水果零售领域排名第一，先后收购北京果多美与重庆超奇果业水果连锁品牌。

百果园的扩张之势不容小觑，但它一路走来也不都是平顺的。从 2001 年成立到 2007 年，百果园一直处于探索阶段，开启了加盟模式，跌跌撞撞地开了 100 家门店，可这七年时间，它始终在亏损。

过去七年的摸索和试错经验，让百果园深刻意识到连锁系统的重要性。在公司资金极不宽裕的情况下，依然选择与逸马合作，这也体现了百果园领导的战略笃定与前瞻性。与逸马合作，开启了百果园标准化复制扩张之路。通过几年的时间，百果园形成了自己的连锁运营体系，并进行复制扩张和人才裂变。由于门店长期亏损，百果园当时想过增加品类，做日杂零售，以便增加利润。经过双方项目团队的充分讨论，最终确定简单模式易复制，百果园专注“一生只做一件事，一心一意做水果”，盈利问题在门店和供应链达到一定程度即可得到解决。

由于对战略的笃定，百果园从2008年到2015年，回购所有的加盟店，全部改造成自营店，门店开到1000家；2016年，百果园获得A轮融资。借助资本的力量，百果园开始大肆扩张，同年启动内部门店合伙人制，门店数超过2800家；2018年开始，百果园获得15亿元人民币的B轮融资，又重新启动特许加盟模式，开始进一步的扩张。

百果园后期的迅猛发展，虽有资本的助力，但它在连锁经营和激励模式上的创新，也发挥了重要的作用。早期，百果园采用了加盟模式，随着加盟商越来越多，它的维护成本也随之增加，但供应链不稳定，加盟费也不多，导致连续七年亏损。后来，百果园开始采用“类直营”的模式，让店长成为投资主体，也就是店长合伙人制度，这才扭亏为盈。

那么，百果园的店长合伙人制度具体是怎样的情况呢？

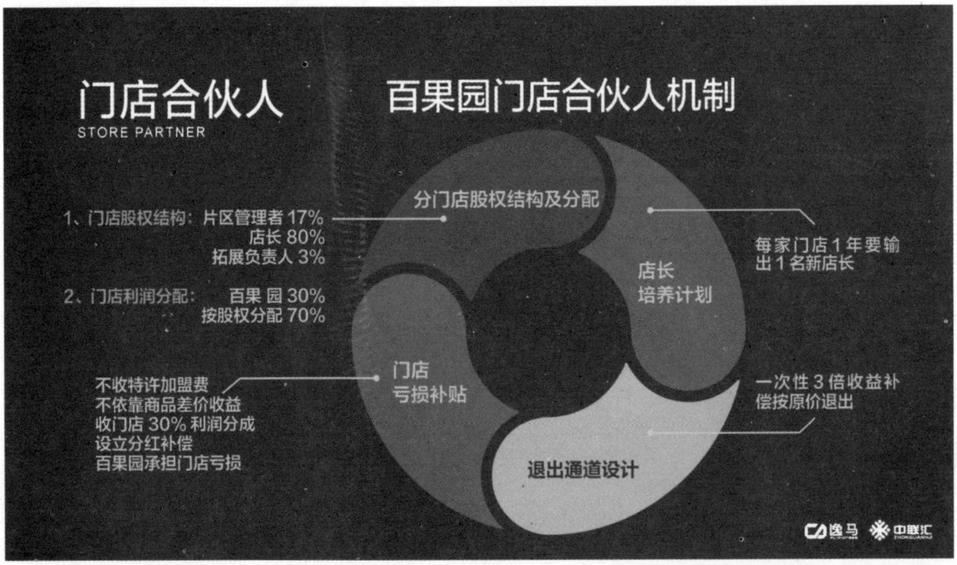

- 门店股权结构

百果园不收取加盟费，每年对利润进行分配，百果园收取 30%，剩余 70%按照门店股权结构分配。参与门店投资者有三方，其股权结构和分工如下：

店长→单店资金投入 80% →片区门店管理

片区管理者→单店资金投入 17% →片区门店管理

大区加盟商→单店资金投入 3% →门店选址、门店法人

- 店长培养计划

连锁企业最重要的是人才复制，尤其是店长。百果园要求，每家门店一年要为公司输出一名新店长人选。通常，成为店长的培训周期为 8 个月至 1 年，百果园会根据实际情况，对新店长人选进行审核，继而决定其能否投资管理新店。

- 贴补门店亏损

百果园不收取特许加盟费，只收取门店年利润的30%分成。如果加盟店亏损，前 3 年的亏损由百果园承担；如果 3 年后继续亏损，百果园就要评估是否关闭此店。

- 门店股权退出机制

百果园店长合伙人制，店长的股权不是固定不变的，可进可退。店长股权退出时，根据门店的经营价值，早期投入资金原数返还，并一次性获得门店分红收益的 3 倍补偿。

比如，店长从某家门店获得 15 万元的年分红，让他放弃这家店的股份，去开拓全新的市场，那么百果园就要一次性补偿给这位店长 45 万元。同时，早期投入的资金原数返还。

“现代管理学之父”彼得 · 德鲁克说：“管理的本质是激发每一个人的善意。激发善意之后，潜能就会释放出来。”

百果园的店长合伙人制，不仅激发了店长，也激励了普通员工，让他们从体

力劳动者变成知识工作者。对百果园自身而言，这种模式既能解决开店资金的投入问题，也降低了门店运营成本，提升了员工工作效率。

喜家德："358"合伙人机制

企业不缺乏人才，
缺乏的是人才培养的平台。

——逸马"万利连锁"

1990 年，高德福用 8000 元启动资金，在鹤岗开了属于自己的第一家餐厅"喜家德"。

喜家德的前 15 年，依靠得都是一批肯干的、认可企业的人，他们帮助喜家德在东北地区站住了脚。现在，喜家德虾仁水饺在全国已经开设了 500+ 门店，拥有 8000+ 员工。这样的扩张速度得益于喜家德开放招募合伙人的机制。

喜家德独创了"358"合伙人机制，这是一个以培养人才为主要标准的机制，避免了连锁企业在扩张时缺少人才的问题，用内部人才输出的方式支撑企业的持续发展。创始人高德福坚信一个理念：用成功复制成功，榜样的力量是无穷的。他希望，在退休之前培养 100 个年收入超过 1000 万元的人才。

很多人好奇："358"合伙人模式，具体指的都是什么呢？

"3"，指 3%，所有店长考核排名靠前的，都可以得到干股收益，不用出资就能分红。

"5"，指 5%，当一名店长培养出新店长，且符合考核标准，就有机会接新店，成为小区经理，可在新店投资入股 5%。

"8"，指 8%，当一名店长培养出 5 名店长，成为区域经理，且符合考核标准，再开新店，就可在新店投资入股 8%。

此外还有 20，指 20%，如果店长成为片区经理，可独立负责选址经营，此时他就能够在新店投资入股 20%。

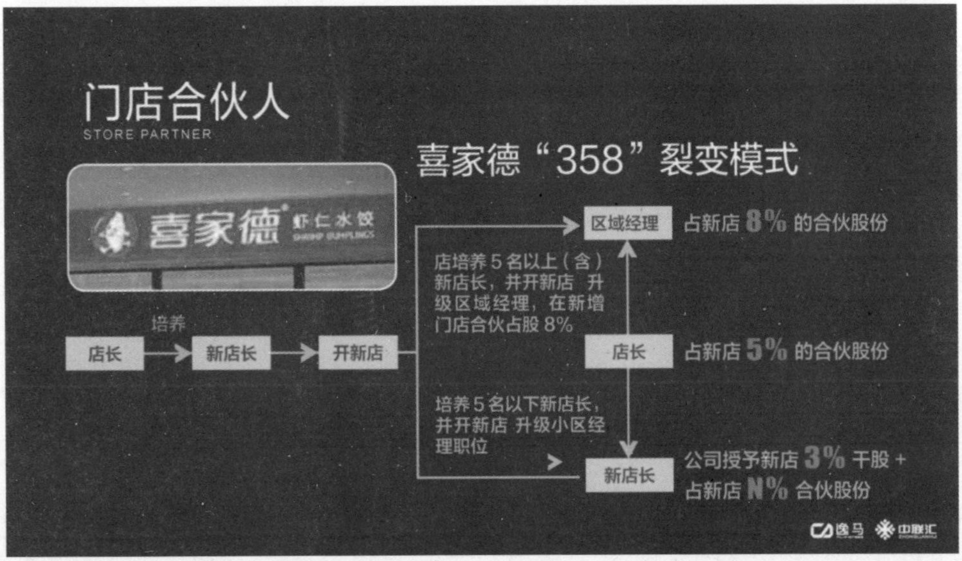

仔细分析会发现，喜家德“358”合伙人机制的本质是“导师制 + 股权激励”的人才培养机制。从设计上讲，它解决了人才培养的三大问题：

- 动力问题

过去只要一听到“导师制”，人们立刻就会想到一句话：“教会徒弟，饿死师傅。”人向来都有保护自我的本性，如果企业在设计“导师制”时，没有激励机制作为保障，导师就会丧失动力，一切教导都会流于形式。反观喜家德的“358”合伙人机制，它把人才培养和股权激励结合在一起，从根本上解决了动力问题。店长带新人，不仅能为企业输出人才，对其本身也是一种收获。

- 短视问题

我们都知道，股权激励属于长期激励，人才培养也是长期工程，都不是一朝一夕就能实现的。如果企业在设计“导师制”时，没有考虑到两者的契合性，采用了短期激励的方式，就很容易出现急功近利的问题。“358”合伙人机制通过股权激励，把店长的激励收益持续与新店长的绩效挂钩，这就解决了人才培养的短视问题，不容易虎头蛇尾。

- 风险问题

在“358”合伙人机制中，激励收益的大小基于人才培养的成效，且老店长是需要投资的，这就意味着要共同承担新店长经营不善的风险，避免了“只管培养推荐，不管能否做好”的问题，有效地解决了人才培养的风险问题。

在人才培养方面，“358”合伙人机制只是喜家德人才培养的起点，想要实现永续经营，还要让培养人、成就人的合伙人文化，成为企业的核心竞争力，让企业变成“大家”的事业，从“人合”发展到“事合”，企业才能够实现生生不息。

易快修：合资合作制

盟主不应该只是投资人，

而应该也是经营人。

——逸马“万利连锁”

熟悉汽车行业的人大都知道，易快修是汽车后市场确立了互联网 + 线下直营门店的 O2O 企业，也是传统汽车后市场服务企业与互联网 + 融合的行业典范。它成立于 2014 年，仅用了短短两年的时间，已经发展了 180 多家门店，覆盖全国 19 个城市。未来，易快修要将门店开设到全国任何有车的地方，实现全国城市无差别覆盖。易快修所有的门店，在管理上都采用直营或控股的形式。

从 2016 年开始，易快修启动“千店合伙人计划”，面向实力较强的 4S 店和综合修理厂，以直控的方式对他们线下的固有资产进行整合，再引入易快修的多种互联网营销方案，实现线上 + 线下的融合。

4S店和综合修理厂的老板、核心员工，可以借助资产入股或技术入股的方式，与易快修的利益进行绑定。易快修自主研发了VISI系统，该系统可以对所有直营店的供应链、服务质量、人员素质培训等方面进行严格管控，做到价格透明、确保货品质量和提供最好的用户体验。目前，这个系统已经实现了全流程覆盖，包括仓储和财务等。这样一来，现有的直营和直控门店，都可以通过该系统建立标准化运营、标准化流程以及品牌化植入，避免了重复建设，既节约了成本，又提升了效率。

借助“千店合伙人计划”，易快修的影响力不断提升，发展势头也很迅猛。这种以“资产整合”为切入口，以运营管理系统复制+品牌运营植入的合资合作方式，让企业与合伙人之间实现了责任共担、利益共享。

爱尔眼科：股权激励制

火车头是不能单独跑太久的，
必须带上车厢一起跑。
所以，企业家要带领团队一起成长。

——逸马“万利连锁”

在健康产业中，爱尔眼科的成功值得一提。

2016年，爱尔眼科的营业收入超过40亿元；2017年，营业收入近60亿元，盈利能力远高于行业平均水平；2018年，营业收入80.09亿元，同比增长34.31%。爱尔眼科这一瞩目成就的背后，是它基于“股权激励制”的合伙人计划。

爱尔眼科的合伙人，是符合一定资格的核心技术人才与管理人才，他们作为合伙人股东与公司一起投资设立新医院。当新医院实现了一定的盈利标准后，公司逐渐以公允价格对合伙人持有的医院股权进行回购。把合伙人与医院的绩效长期挂钩，可以有效地激励核心员工的工作积极性。同时，这种合伙人机制还能让新建医院的盈利周期缩短，有效地加速公司规模，提升效益。

在实施合伙人计划时，爱尔眼科选择的是有限合伙企业的方式。

公司下属的子公司作为普通合伙人，负责合伙企业的日常管理与投资运作；核心人才作为有限合伙的出资人，到合伙企业中去。合伙企业确定一家新医院的出资规模后，对各合伙人的出资额度进行分配，合伙人在各自额度内认缴出资。

合伙企业的经营期限通常是 3~5 年，合伙企业在取得收益后，除去各项运营成本和费用，再按照各合伙人的出资比例对利润进行分配。这一计划的特点在于，把股权当成一种纽带，以长期激励为导向，不但提升了现有核心人才的工作积极性，也能够引进大批发展所需的人才，从而聚集更多的行业核心资源，为企业的快速发展提供了人才保障，从而实现战略制胜，塑造竞争优势。

苏宁电器：启动“1200 工程”储备人才

> 没有优秀的个人，
> 只有优秀的团队。
>
> ——逸马“万利连锁”

2002 年，苏宁电器进入新一轮高速发展期，迅速展开全国布局。在此过程中，苏宁意识到零售人才的重要性和紧迫性。因为苏宁开店的速度很快，但又缺乏系统的人才复制的标准化体系，导致人才的队伍跟不上企业发展的速度。

在这样的情况下，2002 年年底，苏宁电器董事长张近东亲自批了一笔当时看来颇为惊人的资金——3000 万元，作为首批大学生招聘的启动资金。当年，苏宁共在全国范围内招聘了 1200 名本科毕业生，“1200 工程”也就由此而来。

通过“1200 工程”招聘的大学生被称作“1200 员工”。

2004 年，刚刚创立的逸马，有幸参与了苏宁“1200 工程”，为苏宁员工提供落地培训。逸马如今在连锁领域的影响力与当年跟苏宁的合作密不可分。在合作的过程中，我们通过向苏宁学习，逐步形成了连锁经营全程解决方案。如果没有与苏宁的合作，逸马后续的发展可能也会颇多坎坷。

苏宁的 1200 员工为各体系注入了新鲜血液，奠定了苏宁人才储备的基石。大批 1200 人才加入苏宁，从基层岗位开始学习锻炼成长，直至发展成为苏宁核心业务单元的总裁、总经理、总监等骨干力量。1200 员工亲历了企业的发展，发挥了重要的作用，并传承了企业文化。

从 2002 年到 2019 年，“1200 工程”已走过 17 个年头，每年的“1200 工程”都在有条不紊地进行。苏宁敢于大胆起用新人，让 1200 员工有机会在实践中得到磨砺和成长。他们在苏宁内部得到越来越多的认同，并逐渐成为苏宁干部选拔的重要后备力量。

真正的连锁从“特许”开始

连锁发展的初级阶段是直营连锁；

连锁发展的高级阶段是特许加盟。

——逸马“万利连锁”

在过去的二三十年里，本土的连锁企业大都选择用多开分店的方式进行扩张。就这一问题，前面我们谈到过，开多家分店的形式算不上真正意义的连锁，或者说，它只是停留在连锁的初级阶段。

企业家如果忽略商业模式创新和盈利模式的思考，将永远只是做一门生意，不可能成为一个伟大的企业家。从模式的价值上来讲，特许加盟模式是快速扩张市场的最佳模式之一，也是真正的连锁经营的开始。

为什么说真正的连锁经营是从特许经营开始的呢？

因为它进入了连锁的新一阶段，在盈利方式上开始有了新的突破，让“小本万利”有了实现的通途。从盈利方式上讲，特许加盟至少能够在三方面创收：

- 经营性收入

这部分收入就是依靠产品和服务来盈利，就像麦当劳卖汉堡和薯条，就属于经营性收入，不太容易做大。过去，我们的很多连锁企业都停留在这个阶段，只是开店扩张，依靠产品和服务盈利，步履维艰。

- 投资性收入

所谓投资，意味着扩张裂变，而这自然离不开系统和团队。我们不妨看看麦当劳在这方面的赚钱模式。

→品牌使用费：你要使用麦当劳的特许品牌，就要交300万元的品牌使用费。

→管理费：在4万多家门店里，有3万多家店都是加盟店，每一个品牌店的管理费用是 300 万元，每一个店要收取 5% 的营业额抽成。

对比一下，你就会发现：麦当劳在管理费用方面的收入，远超它的经营性收入。

那么，为什么麦当劳有本事赚到这两笔钱呢？恰恰是因为，它为所有的加盟商都提供了一个系统，即“百分百复制”。换句话说，从产品到服务，再到流程和品牌，以及人才培养，都是麦当劳系统在做输出，这就是百分百复制。

不少连锁企业的加盟商也能达到几十个或上百个，但最后却常常变成一盘散沙。究其原因，很多都是只输出产品，而在人才输出、流程创新、团队建设、品牌服务等方面做得不足，忽略了加盟连锁的价值在于投资性收入，而不是经营性收入。所以，肉夹馍难以像汉堡一样风靡世界，因为肉夹馍重点卖的是产品，麦当劳卖的却是系统。

这也给我们指出了一个方向，未来一定要在品牌费和管理费上下功夫，而做好这两方面的前提就是，打造你的加盟商运营系统，培养人才，输出团队。只有这样，才能够降低加盟商的创业风险，使加盟商更容易赚取经营性收入，连锁企业才能在投资性收入中赚到更高的利润。

- 融资性收入

无论是 7-11 便利店，还是麦当劳，它们最终都必须赚到融资性收入。就麦当劳而言，大量的门店都是自己持有或长期租赁，且最初的门店都是在 CBD 商圈，商业地产的价值是麦当劳整个收入中排在最高段位的。

麦当劳利用加盟商的钱投资房地产，再把它出租给加盟店。这种房地产经营策略，就相当于把第一债权人的权利，转让给了麦当劳房地产公司，让它具备从银行获取贷款的资格。这样的模式，既解决了加盟店开店的资金困难，又增加了麦当劳的收入，通过对房地产的控制，实现对加盟者的管理。

看到这儿，想必大家对特许加盟有了更清晰的认识。特许加盟连锁真正盈利的本质，是把更多的经营性收入让给加盟商，让给在加盟店里经营的员工，而自身去赚取后端的利润，这样才能实现大规模、高效益。

JAN-PRO：多倍速的特许裂变

当帮助别人实现梦想的时候，
你的梦想也就实现了。

——逸马“万利连锁”

提到全球快速增长特许品牌，我们第一时间可能会想到麦当劳、赛百味等。实际上，有一个品牌的扩张速度比麦当劳、赛百味还要快，是2016年美国特许快增长第一名，2017年美国特许快增长第二名，它就是JAN-PRO。

JAN-PRO隶属于Premium Franchise Brands（PFB），它是一家以清洁业务为主的全球性特许经营机构，旗下共有2个品牌，一个是成立于1991年的商业清洁品牌JAN-PRO；另一个是成立于2013年的家政清洁品牌Maid Right。如今，JAN-PRO已覆盖14个国家和地区，拥有超过8000家的特许单元服务站，是全球最大的商业清洁特许连锁品牌之一。

很多人对连锁模式价值的理解，还停留在单店特许的层面，实际上，在美国，JAN-PRO已经把经营战略的重心放在了更高层次的连锁模式上，那就是主特许授权。恰恰是依靠着这一模式，JAN-PRO才占据了全球行业领军者的位置。

主特许经营也是特许经营模式的一种，即通过签署主特许经营协议，品牌方授予主特许人在某一区域内独占的、自己开设特许店；或者是在该区域范围内，开展再特许的权利。JAN-PRO在实施这一模式的过程中，找到了它的取胜之道，即作为主特许体系赋能更多的小企业主，让它们再去进行特许裂变。依靠这种方式，JAN-PRO在全球有140个主特许商，通过这些中枢实现了多倍速的特许裂变，在全球辐射出超过 8000 家的特许单元。

标准化体系是否高效，是否可复制，直接影响着连锁企业的规模化价值。JAN-PRO 构建了自己的“主特许可复制”模式，总部把每一个 JAN-PRO 主特许商都当成“JAN-PRO 连锁分公司”新伙伴，无论是领导力，还是特许拓展经营、门店运营等，都对其进行了全方位打造。

JAN-PRO 的成功，使我们看到了商业的智慧。JAN-PRO 给予全球主特许商强有力的支持，不仅教会他们如何让门店盈利，还教会了他们如何成功运作属于自己的特许连锁公司，成为一家全球知名品牌分公司的 CEO，这才是 JAN-PRO 主特许商得到的最具价值的软性收益。

主特许授权模式的成功，依赖于差异化的产品力和单店盈利能力。在这两方面，JAN-PRO 做得非常好，一直是稳扎稳打。《企业家杂志》曾经对美国增长 100 强品牌进行过调研，结果证实：真正的增长不只是快，还要稳。JAN-PRO 就是这样，它凭借主特许经营战略，依靠品质、先进、专业的商业清洁服务，赢得了客户的信任，为特许商长期稳定、持续盈利奠定了基础，继而稳稳地占据全球商业清洁领先地位。

第十课：防止复制与裂变“走样”

既要仰望星空，也要脚踏实地

成功是系统的，

失败是片断的。

——逸马“万利连锁”

当下，企业要想获得持续的规模性发展，必须有一种引导自己的思维模式和行为方式，以此为根基去确定战略、目标、市场、对手等。如若不然，做强做大的愿望就会沦为空谈。选择连锁经营只是选择了一种经营模式，而连锁是一种思维模式、思考方式和行为方式，问题不在于选择，而在于意识和运用。

涉足连锁咨询行业多年，我经常会碰到这样两类企业家。

第一类企业家，满心满眼都是自己的企业，以及某一区域内的生意，看不到其他的东西，也没有高远的目标。他们都是凭借自己的个人经验与实践去进行管理和经营，没有前瞻意识和创新思维，也不知道需要创新什么。这类企业家引领的企业，要么长期处于停滞状态，要么在经济发展的进程中濒临淘汰。

为什么会出现这样的情况呢？原因就是没有连锁的思维意识，只按照自己习惯的模式来，而不放眼去看外面的世界，故步自封。我们提倡连锁精神，目的就是在大局之下把握自己，借鉴他人的优势经验，转化为自身的生产力，让企业在激烈的竞争中保持立足之地。

就拿稻盛和夫来说，在成立京瓷之前，他原是京都的绝缘子生产厂家松风工业公司的一名技术员。在原来的公司里，他无法找到实现自身梦想的平台，于是选择辞职。后来，他和七位一起辞职的朋友共同创立了京都陶瓷公司，但他没有资金，只有技术。好在有朋友的支持，大家努力想帮他实现一个技术人员的梦想。

就是这样一个开始，造就了后来的“经营之圣”。稻盛和夫的经营管理理念，首先是他在朋友那里收获了真诚的信赖。在公司创办初期，稻盛和夫又得到了另外一位朋友的帮助——时任宫木电机公司专务的西枝一江。西枝一江利用技术投资的方式让稻盛和夫拥有了公司的股份。得到关照的稻盛和夫，感受到了伙伴之间的互助和信赖，这种被支持、被信任的力量，也被稻盛和夫带入了经营管理思想中，从而培育出了“阿米巴经营”理念。

可以说，阿米巴经营就是稻盛和夫将个体感受的力量，复制成了企业内部群体的力量，这也是我们提倡和追求的连锁精神。

现在的商业发展十分迅速，所有企业都面临着如何快速发展和融入市场的问题。这需要企业根据市场和外界情况，把握住力所能及的机会，放大企业本身的利益和价值，形成核心竞争力。在创新之前，第一步要做的就是复制，有选择性地复制那些优秀的理念、思维模式和管理方式。试问：不放开格局与心胸，不打开思维和眼界，怎么看得到和做得到呢？

第二类企业家，眼光放得非常远，迫切地想在两三年之内把企业的门店开遍全国，五年后直接上市。有梦想固然是好事，但只有梦想是不够的，还需要脚踏实地，一步一步做出来，这样才能走得稳，而不是昙花一现。

实际上，这也是不少企业家容易犯的错误。在规模扩张的时候，存在急功近利的心态，甚至是头脑发热，希望一下子就能踏上“康庄大道”。我们可能会被这些企业家的魄力所感动，且他们之中也有不少人带领着企业在短期内获得了显著的成就。可是，我们要看到的是，这些企业的内核往往是不够稳定的，风险很大，也许只是外界的一点风吹草动，就会动摇整个企业的根基。

我们熟知的那些连锁巨头，没有哪个是一蹴而就的，都是在长期发展的过程中不断借鉴和积累先进经验，化为自身的能量，从而实现持续发展。所以，当企业尚不够成熟的时候，不妨把心态放平一点，脚踏实地一点，去发现和借鉴他人的优势经验，化为自身可支配的力量，这是成本最低、速度最快的成长方式。

做企业和做人一样，既要仰望星空，也要脚踏实地。仰望星空是为了培养前瞻意识，看清大局，复制借鉴他人的优势经验；脚踏实地是为了在复制学习之余，寻找和创造适合自己的新模式，探索更长远的发展道路。只有不封闭、不急躁、不盲目，才能在复制扩张的道路上，减少风险和阻碍，走得既快又稳。

形成标准化，才能规模复制

> 连锁就要复制，
>
> 复制就要形成标准。
>
> 标准包括建立标准、输出标准、执行标准。
>
> ——逸马“万利连锁”

我曾与一位卖皮具的老板打过交道，他提起了自己的一段亲身经历。

这位老板接了一笔很大的国外订单，按理说是好事，结果却使他很头疼。原因就是，客户对各种包装盒子的尺寸、重量都有严格的规定。后来，因为外包装纸箱不符合规格，结果被要求返工，延误了货期，导致被罚。这位老板感叹，早知道就不做国外的订单了，内销比这个简单多了，对外包装基本上没有规定。

实际上，长期做国外订单的工厂肯定都知道，这不是客户有意刁难。我们的仓库管理和物流标准与国外的标准存在不小的差异。我们不少仓库仍是以人工为主，仓务员推着叉车，找到库存的位置，调整叉车把货物拿出来，规格上大一点、小一点、轻一点、重一点，都无关紧要。但是，现代的物流仓储基地全是自动化操作，仓库是立体式的，只要把货物的基本数据输入电脑，各种物流自动化设备就会启动，存取都不需要人工参与。

想象一下，如果某车货物的包装标准不一致，它要怎样进入物流通道呢？客户不能因为这一车特殊货物，启动其他物流的自动化设备。况且，体积不符合标准，在运输或仓储方面，都会造成空间的浪费。出口的货物，从集装箱，到码头，到船运，到物流中心，到分拆，再到终端，整个物流供应链，工具、设备都是配套统一的，可以一条龙顺畅地走下去。如果有一船货是特殊的，则一条龙就要全部调整，成本、时间都会受损。

这就是标准化的效用。现代物流最重要的是信息化和自动化，而这一切都是建立在标准化的前提下。作为个体，我们习惯选择自己最喜欢、最方便、最容易的做法，所以对个体而言，标准化没有太大的意义。但是，从整体上来说，唯有标准化才能最大程度地节约时间和成本，提升效率。

老子的《道德经》有云：“道生一，一生二，二生三，三生万物。”

所谓“道”，简单来说，就是一切事物的规律。在连锁经营中，也存在属于它的一本万利之“道”。那么，连锁中的“本”和“万利”，各代表什么呢？

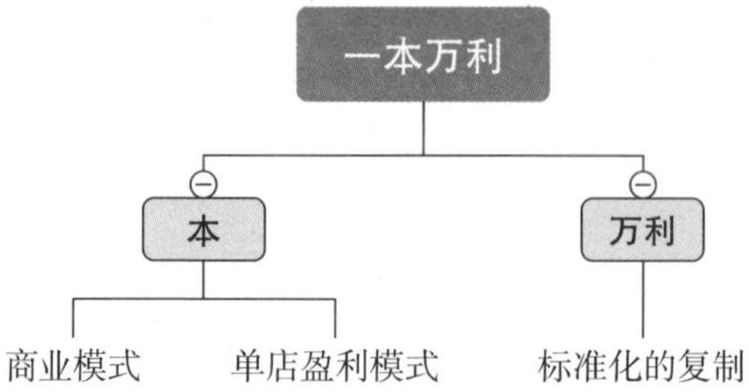

看到上图，想必大家已经清楚了。所有做成标杆的连锁企业，大都是找到自己的商业模式和单店盈利模式，这就相当于“本”；在有了“本”的基础上，进行标准化的复制，即可实现规模化扩张。

成功一定是有方法的，而一切成功的方法都应该是可复制的。这句话用在连锁行业，再合适不过。企业必须有一个可依靠的、有实效的路径来实现盈利及可持续发展，同时还要在复制的过程中彻彻底底地遵从有效之“道”——标准化，不出现任何变形，方才有了实现一本万利乃至无本万利的根基。

标准化，通常涉及以下几个方面的核心问题：

- 产品的标准化

如果是复制产品，那么产品一定要选择初期即可规模化生产，且能够一致稳定的供应。制作产品的工艺和流程最好不依赖于某个特定的人，而且全部或大部分都可机器完成。

- 服务的标准化

这个问题无须过多解释，麦当劳、肯德基都是成功的可参考范例，它们淋漓尽致地诠释了，只要把服务流程拆解为细到极致，就一定可以把服务标准化。

- 管理思维的标准化

连锁企业的扩张与运营管理机制密不可分，如果没有一套统一的市场方法、促销方法、危机处理方法等，这一套管理思维很可能会因为一个人的离开而终结。所以，管理运营机制的标准化，也是复制的重要内容。

- 人才管理机制的标准化

人的行为不一致，常是导致标准化失败的诱因，这在连锁行业中尤为凸显。服务人员的心情与服务水平的起伏，直接影响顾客满意度和品牌好感度。如何通过制度激励机制，让服务者与人才标准化，也是连锁企业需要思考的重要课题。

在上述这些方面形成标准化之后，还要设立规章制度与过程监督，保证不折不扣地执行。另外，还要说明的是，连锁组织的标准化，会随着的时间的发展不断调整和升级，且在不同发展时期，标准化程度也可以存在差别。一味地追求标准化或是集中管理，既不利于提高服务质量，也不利于提高经营业绩。

标准化是连锁企业经营发展的一个关键点，也是当前本土众多连锁企业亟待解决的问题。标准化是模式裂变的基础，在此之前，企业都是单店或多店，都是在经营有形资产；有了标准化之后，就可以输出，从卖产品和服务走向卖模式。产品销售越卖越少，模式裂变越变越多。模式是无形的，这也意味着企业从模式裂变开始，真正地步入连锁的门槛，开始无形资产的经营，实现无形资产的盈利。

林清轩：门店运营离不开标准化

> 连锁的精粹就是，
> 简单可复制。
>
> ——逸马“万利连锁”

“林清轩坚信产品品质永远是最重要的事。”林清轩的品牌创始人孙来春如是说。

自 2003 年创立至今，林清轩一直致力于以中国传统的植物为原材料，制作出天然、安全有效的个人护理品。从上海第一家 30 平方米的直营店，发展到全国 400 多家直营店，林清轩坚信自然力量，一直秉承着“相信、仁爱、专注、拼搏”的价值观。

这是我们现在看到的林清轩，可很少有人知道，一路走到今天，林清轩也是经历了不少曲折的。作为一家连锁企业，在最初进行规模复制时，它缺少精准的战略定位，连锁人才的复制输出系统构建也滞后于企业发展，且团队内部缺少连锁企业文化的培育。

为了解决规模复制的难题，林清轩选择牵手逸马。从 2017 年 6 月开始，经过三个月项目的建设期，逸马帮助林清轩建立了标准化、训练、督导三大系统，形成门店运营标准化。梳理门店与公司的关系，简化门店工作；建立规范的培训系统；成立督察部，建立督导职能。三大系统协同作战，为全国零售门店的规范提升和业绩提升建立了系统化基础。

试点门店的成功运行，证实了三大系统与林清轩是高度匹配的。之后，林清轩又在全国 400 多家门店进行标准化推广，三大系统共同为门店业绩和林清轩品牌提升发挥了重要的作用，帮助林清轩的零售业绩整体提升 15%。

通过林清轩的案例，我们不难看出，形成门店运营标准化是一项重要的、系统的工作，它也印证了逸马常说得那句话：“成功是系统的，失败是片断的。”

木屋烧烤：从一家店到全国百家店

学习解决两个方面的问题：

认识方法以及资源圈层。

——逸马“万利连锁”

烧烤是大众都比较喜爱的美食，走进一些大型的商场和购物中心，大家经常会看到“木屋烧烤”的连锁店，它已是行业内数一数二的大品牌。

木屋烧烤隶属于深圳市正君餐饮管理顾问有限公司，2003 年诞生于深圳城中村白石洲，最早只是一家不足 5 平方米的小店。很多人都好奇，这样一家小店，是如何通过十几年的时间，成功入驻北京、上海、广州、深圳、天津、重庆、佛山、东莞、惠州 9 座城市，且被权威媒体和各大平台认可的全国性直营烧烤连锁品牌的呢？

没有任何一家连锁企业的发展之路是平坦的，木屋烧烤亦如是。2012 年前夕，木屋烧烤在连锁经营方面遇到了瓶颈，为了尽快找到根源和相应的解决策略，木屋烧烤加入逸马中联汇，让我们有幸与木屋烧烤一起探索连锁经营之道。

我们共同发现，木屋烧烤的瓶颈来自多方面，如：战略不够精准，连锁人才复制输出系统滞后于企业的发展，团队内部没有相应的企业文化，资源整合效能较低等。有了问题就有了反思，有了反思就有了针对性的策略。

很快，木屋烧烤就开始调整战略定位，明确它是为目标消费群提供一个社交的第三空间，同时优化了产品结构。更重要的是，木屋烧烤完成了标准化手册的编制、训练及督导体系的贯标，使得烧烤在产品、技术、人才等方面的标准化体系逐步成熟。

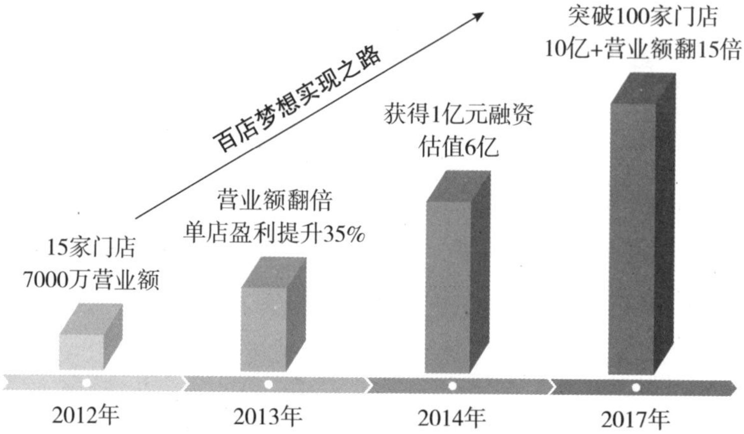

通过搭建完善的连锁体系，木屋烧烤很快就突破了瓶颈。2013 年，单店盈利提升 35.23%，营业额翻倍；2014 年，获得天图资本 1 亿元意向融资；2017 年，门店突破 100 家，营业额超 10 亿元，是 2012 年的近 15 倍！到 2019 年 10 月，木屋烧烤的门店已突破 148 家。

未来，木屋烧烤将涉足餐饮 IT 系统开发、互联网平台运营、金融资本运作等，形成全产业链布局，广泛地与产业链中的优势资源战略合作，为木屋烧烤的更长远发展奠定更坚实的基础。

贵阳 CC 英语：走出贵州，迈向全国

努力就是尝试自己没有做过的事情；

进步就是做到自己没有做到的事情。

——逸马“万利连锁”

英语教育培训行业的竞争一直都很激烈，在贵州这片土地上也是“百家争鸣”，新东方、英孚英语等，都瞄准了这块市场并先后进入。在贵阳成立时间超过十年的 CC 英语，虽然也是当地家喻户晓的品牌，可它在走出贵阳市场，向安

顺、遵义等地拓展的过程中，却屡屡出现问题。

为了进一步树立 CC 英语在贵阳市场上的品牌力，扩大 CC 英语在整个贵州市场的份额，CC 英语选择与逸马牵手前行。在逸马的“陪跑”下，CC 英语对企业面临的问题有了一个清晰而全面的了解。

在战略规划上，CC 英语只有一个粗略的战略目标，且执行和传达的效果不太理想；CC 英语没有运营管控和标准化体系，只依靠朴素的理念和简单的管理模式来打理公司；在运营层面上，CC 英语政策多变，市场推广差，流程制度不够规范，烦琐不易复制，部门衔接不畅，协作能力不佳。另外，总部对分部的输出支持不够，运营没有系统规划，加之校区运维水平不高，直接导致分校区运作效能偏低，总部管控能力较弱。

找到了问题之后，就要开始思索如何解决问题。最后，在逸马的建议下，CC 英语为了改善不利局面，开始在这些方面进行调整：首先，梳理战略目标，解决连锁拓展模式、管控模式不成熟的问题；其次，快速培养复制一批得力的执行团队，为文化传承、资源优化、标准落地奠定基础；再次，就职能梳理、流程优化、内部运营管理制度建设等方面进行调整；最后，加强品牌宣传，提升产品质量、教学质量和服务体验，多角度、多层次满足客户需求。

在这一系列的举措之下，CC 英语逐渐走出困局。截至 2019 年底，CC 英语已经达成早期的战略目标，校区已经走出贵州，扩展到全国 384 家校区，年营业额超过 5 亿元。

放缓扩张速度，避免落入陷阱

> 不断发现机会的，往往是快成功，来得快去得也快；
>
> 持续专注初心的，往往是慢成功，来得慢走得也慢。
>
> ——逸马“万利连锁”

2007年，全国餐饮业的标志性企业全聚德上市了。这个消息震惊了整个餐饮业，但对全聚德进行过细致研究的人知道，全聚德走到上市并非一日之功，期间也经历了数次失败，是这些经验让全聚德找到了传统服务连锁发展的光明之途。

距离上市前两年，也就是2005年，全聚德这个北京老字号正式退出成都市场，这意味着它在成都特许经营的尝试失败了。在此之前，全聚德南京店、深圳店、杭州店、汕头店、广州店已经先后关闭或经营失利，给全聚德造成了一定的冲击。

市场上的报道，纷纷给全聚德扣上了“五连败”的帽子。尽管对于这样的报道，全聚德并不太认同，也给出了一些客观原因，但是，不可否认的一点是，全聚德南下一路遭遇的失败，与它过于追求速度不无关系。

最初，全聚德是想依靠加盟店来实现规模快速扩张。一方面，加盟不需要公司投入大量的资金；另一方面，发展起来速度也比较快。可当速度提上来后，各种问题也接踵而至，比如合作方选择不慎，对南方消费市场研究不到位，经营特色出现动摇，成本控制不太理想等。

意识到这些问题后，全聚德很快就做出了调整：在北京以发展直营连锁为主，以特许连锁为辅。通过把直营企业做强，让其成为全聚德发展特许连锁的根基。在市场布局上，它选取6~8个中心城市建立区域公司，以此为中心，在省会城市重点开发区域直营连锁企业，在地区级城市开发特许连锁企业。

历经了试图通过特许经营快速发展的错误道路后，全聚德把重点转移到了企业内部管理和建立自己的直营门店上。这样的做法，也让它扭转了不利的局面，转败为胜。

接触连锁行业多年，在我看来，要推广特许经营，需要满足几个前提：

第一个前提是“点”，以样板店为核心，占领所处商圈和所在城市，让公众认识企业。

第二个前提是“线”，特许经营支持体系，营运体系、财务体系、人力体系等。

第三个前提是“平台”，总部可持续发展的知识经济平台。

第四个前提是“模式”，建立在前三者的基础上的盈利模式。

在上述的几个前提中，最为关键的是——“点”，如果没有“点”，就没有线，没有平台，没有模式，连锁复制就变成了一纸空谈。恰恰是考虑到这些，那些连锁业的巨头，如麦当劳、肯德基等，在中国进行特许经营扩张都相当谨慎。

1993年，肯德基才开始尝试在中国进行特许经营，直到今天，它的加盟店在其连锁店中的比例也是很小的。而且，从2000年开始，肯德基在中国的特许经营都采用“不从零开始”的模式，也就是说，肯德基只向加盟投资者出售已经营成功，确保能够盈利的店，不做只转让品牌的特许经营。

肯德基不想快速发展吗？当然想。但是，它更怕掉进速度陷阱。

在肯德基看来，现阶段中国市场采用“不从零开始”的特许经营，是最保险的选择。因为它能够有效地保证加盟者尽快融入肯德基标准的管理系统，减免了加盟者自行选址、开店、招募、训练和管理员工等繁杂的工作程序。我们都知道，选址直接关乎着开店的成败，如果加盟者直接从肯德基手里接过一家盈利的店，经营风险会降低很多，而肯德基的失败风险也会随着降低。

自从1999年肯德基开始向中国市场公开加盟特许经营的申请条件以来，肯德基中国总部每天都要接到许多咨询电话和要求加盟的信函，可它对加盟者的审核条件非常严格：加盟者必须拥有100万美元或800万元人民币作为加盟及店面装修、设备引进等费用，且还要具备经营餐饮业、服务业和旅游业等方面的背景和实际经验。

即便是转让经营成功的店，肯德基也是很小心谨慎的，它考虑到大城市的餐饮业竞争激烈，就把目标放在消费水平较高的小型城市。在中国数量庞大的特许经营品牌中，肯德基“不从零开始”的特许经营算得上是最稳健、整体效果最好的。这样的模式，既保证了肯德基的加盟商低风险盈利，也让肯德基实现了低风险品牌扩张。

通过了解肯德基在我国的特许经营模式，我们的连锁企业也当有所警醒。虽说规模扩张是目标，但在追求目标的路上还是要谨慎再谨慎，不能因为盲目地追求速度，而在扩张过程中“走样”，若真如此，那就得不偿失了。

文化的力量：复制形 VS 复制魂

流程烙上企业文化的烙印，

自己可以复制而别人不可复制。

——逸马“万利连锁”

生活中，许多人都有过这样的体会：在不同的城市，走进同一品牌的连锁店，从店铺形象、品牌宣传语、产品等方面，看起来是统一的，能辨识出它是连锁的。但是，它带给自己的体验却不是统一的，甚至会让你觉得，它和你曾经光顾的那家店，完全不是一回事。

问题出在哪儿呢？很简单，就是连锁企业在复制过程中，只复制了表象上的“形”，而没有复制核心的“魂”。在产品同质化的今天，复制一样的店面装修风格、出售同样的产品，并不是最难的。只要严格执行标准化流程，基本上都可以实现“形”的复制。然而，真正艰难的环节，是复制企业的文化，它才是连锁的“魂”。

关于企业文化的重要性，我们不用再赘述，它为企业员工树立了共同的信念和价值，能够让企业形成强有力的凝聚力。同时，它对员工有导向和激励作用，可以通过观念的力量调控员工的行为，有助于塑造企业和品牌的良好形象。

我们的许多连锁企业，虽然已经意识到了企业文化的意义，但对企业文化的建设却往往只停留在追求形式、忽略内涵的境地中。特别是一些连锁企业，由于经营时间较短，尚未形成真正意义上的核心文化，更容易流于“形”的复制，如把穿着、徽标、口号等表层内容，当作是企业文化的内涵甚至全部。

企业文化是企业在长期经营的过程中逐渐形成的，有一个不断发展和不断完善的过程，一经确定不能轻易改变。有些连锁企业没有认识到这一点，把其他企业的文化照搬过来，内容适不适合自己的企业，根本没有思考过。还有些新成立的连锁企业，其企业文化是由少数管理者构想出来的，没有结合实践进行总结，不能得到全体员工的认同。

试问，在连锁之“魂”尚未形成或是尚未统一的情况下，如何去复制和输出呢?

都说细节决定成败，一个成功的连锁品牌，无论客户进入它的哪一家门店，享受到的产品和服务都应该是一样的，而不是参差不齐的。这些“一致”的背后，有标准化流程在发挥作用，也有企业文化的支撑。假如把一家店比喻成一个人，那么环境、服务、产品、营销就是他的家庭、外表、装扮等，而企业文化就是他丰富、温暖、有趣的灵魂。

正所谓：“好看的皮囊千篇一律，有趣的灵魂万里挑一。”硬件达标的连锁店比比皆是，拥有灵魂的连锁店却是凤毛麟角。两者的差别，就在于企业文化。所以，连锁企业在发展的过程中，一定要结合自身的实际情况，制定符合本企业的文化内容，且这个文化要得到全体员工的认可。被认可，才有执行的动力；不认可，就会流于形式。

由于连锁品牌要适应不同的市场需求，因而企业文化也要被不同区域的消费者和加盟商认可。在保持核心价值不变的前提下，可以因地制宜地进行一些形式与内容的调整，这对企业文化的传播与认同有重要的作用。换句话说，就是在复制扩张的过程中，让企业文化与本土文化相融合，从而实现最佳效果。

第四章

平台运营｜想活在未来，就要打破边界

第十一课：无界连锁，相融共生

不打破边界，就会被局限

平台模式，是从经营产品到经营用户的一个转折点。

——逸马"万利连锁"

当连锁企业发展到模式裂变，顺利实现了规模化扩张时，并不意味着它已经牢牢占据了市场。实际上，这只是发展到了连锁的中级阶段。停留在这个层面，依旧是处于单渠道的模式，而现在，无论是线上做生意，还是线下开店，依靠单一的渠道很难做好零售。

传统的零售是以商品为中心的，基本上就是一个单渠道时代。实体店覆盖的范围比较小，只能为周边的消费者服务，人们想要什么东西，就去商店找，没有其他途径。最初的商家也大多是单个店铺，后来才出现了连锁店，如苏宁、国美、大中等。这种单一的渠道，严重限制了潜在消费者的规模与多样性，且随着店铺的租金和人员薪资上涨，成本越来越高。

随着电商时代的来临，网店与实体店并存，相互竞争。由于电商的成本低、效率高，发展势头十分迅猛，对实体店造成了严重的冲击。为了平衡这种状态，许多商家或品牌都开始采用线上＋线下同时运营的双渠道模式。随着移动互联网的兴起，又开始加入移动电商的渠道。

销售渠道的多样化，让商家在营销的过程中接触的群体更加广泛和多样化，且在不同的渠道，利用不同的营销策略，也能够抓住潜在消费者的需求。同时，消费者购买商品的渠道越来越多样化。令人遗憾的是，这些多样化的渠道之间还做不到有效流通，难以实现有效连接，相互之间没有统一的操作标准和规范，且每条渠道战略都面对不同的客户群体。这就导致了一个问题，运营效率低下，且顾客体验也存在较大差异。

怎么解决这个问题呢？从2012年开始，商家开始逐渐整合各种渠道，打破渠道的边界，实行跨渠道营销。这就是我们要说的，连锁从模式裂变要进阶的一个全新段位——平台模式，它能让消费者获得更好的消费体验，并让购物变得更加舒适便捷，更具个性化。

平台模式，是从经营产品到经营用户的一个转折点。

从上述零售业的发展历程中，我们也见证了这样一个事实：过去的零售是以商品为中心的，都是人来找商品，想买什么就去线上或线下的店铺找；现在的零售则是商品找人，通过供应链、物流、用户、数据的重构，实现全场景覆盖，把消费者需要的商品送到他们手中。

马云曾在中国（深圳）IT领袖峰会上明确地指出了新零售要关注的重点：“不要总想着怎么卖东西，而是要学会怎么去服务好你的客户……从卖东西走向服务别人是巨大的变革。”

如何更好地服务我们的客户呢？打破边界，借助信息技术建立全渠道，给消费者提供无缝化、一致化、无边界的最佳购物体验，这是所有的零售企业包括连锁企业，都要进军的方向。全渠道的模式，为的就是满足消费者任何时候、任何地点、任何方式购买的需求，它具有全程、全面和全线的特点。

全程，即消费者从接触到一个品牌，到最后购买的整个全过程，包含了几个重要的环节：搜索、比较、下单、体验，我们必须在这些关键的节点保持与消费者的全程、零距离接触。

全面，即商家对消费者的购物全过程的数据可进行跟踪与积累，在此过程中与消费者互动，掌握消费者在购买过程中的决策变化，给消费者提供个性化建议，提升购物体验。

全线，即渠道的发展走过了单渠道、多渠道的发展阶段，至今抵达了全渠道覆盖的阶段，我们将其称为平台运营，它包含了实体渠道、电子商务渠道、移动商务渠道的线上 + 线下的深度融合。

如今，全渠道模式依然存在不完善之处，但我们相信，随着新技术、新创意、新模式的出现，以及不断试错的实践，平台模式会更加具有竞争优势，为消费者提供更极致的消费体验。作为连锁企业，我们应当意识到这一大势所趋，如果故步自封，不打破边界，固守单一的渠道，未来的发展必将被局限。

屈臣氏：线上线下打通战略

> 科学可以给知识确定一个界限，
> 但是不能给想象确定一个界限。
>
> ——逸马“万利连锁”

在保健及美容产品零售连锁领域，屈臣氏算得上是一位佼佼者。然而，在近几年的发展中，它也受到了电商的猛烈冲击。面对不利的局面，屈臣氏迎难而上，主动做出调整，跟随趋势，实施线上线下打通战略。

根据 2018 年年报，屈臣氏中国全年营收 203 亿元，门店数达 3608 家，为复苏而战的屈臣氏中国终于迎来近年最好的成绩。截至 2018 年，屈臣氏集团经营的零售品牌有 12 个，其中毛利较高的、独家代理产品的销售额占总销售额的 34%；拥有会员数量为 1.32 亿名，他们贡献了屈臣氏 2018 年整体收益的 62%。借助线下的巨大优势，屈臣氏加速了线上线下的融合。

从 2015 年开始，屈臣氏先后开通了天猫旗舰店、官网、官方 APP“屈臣氏中国”，后又推出 APP“莴笋”，定位是“更懂年轻女生的美妆问答购物平台”。他们希望借助线上的这一服务，带给会员用户更好的体验，同时获得新客户。

“莴笋”的一大特色是把美妆视频与线上直播结合起来，让年轻消费者在线上了解产品，在入店之前就有明确的购买目标。在产品设计上，“莴笋”带有“Ask Me”视频美妆咨询功能，用户可根据自身的皮肤问题或妆容喜好，选择合适的美妆导师，解决自己的疑问。而后，根据美妆导师的推荐即时在线选购产品，可等待物流送货，也可到门店自取。

在全力开拓线上业务的同时，屈臣氏也更加重视线下的消费体验，在店内增加了 AR 试妆功能、皮肤测试功能、自助收银台等。同时，它还增加了专业的美妆顾问，通过专业的皮肤专家与化妆师团队为顾客提供优质服务。

美妆零售发展到今天，早已经从最初的价格竞争转变为供应链竞争，谁掌握供应链优势，谁就掌握了行业的优先发展权。在供应链方面，屈臣氏的优势很明显，它能够保证商品 100% 正品，这就是最大的核心竞争力之一。通过线上 + 线下的供应链体系，屈臣氏在降低成本的同时，又大大提升了效率，带给消费者更好的体验。

百瑞源：全面升级成就行业领军枸杞品牌

产品是经营有形资产；

品牌是经营无形资产。

——逸马“万利连锁”

死磕十六年，几度倾家荡产，郝向峰却在一片荒漠中做成了行业领军者，创立了百瑞源这一知名品牌。百瑞源枸杞股份有限公司，总部位于宁夏，专业从事枸杞科技研发、基地种植、生产加工、市场营销、文化旅游“五位一体”的全产业链科技型企业，也被农业农村部授予“农业产业化国家重点龙头企业”。

正是因为百瑞源是全产业链发展，资源能力要求高，对团队要求也高，使得它在发展过程中各项成本不断增加，管理难度加大。同时，百瑞源还面临着市场萎缩、新渠道培育速度较慢的问题。为了应对这一系列问题，百瑞源开始重视战略规划，它将“好枸杞，可以贵一点”作为自己的品牌战略，为此所做的努力也取得了一定的成效。然而，问题并没有全部解决，百瑞源整个运营系统仍然较为混乱，标准化体系尚未建立，团队衔接不畅。

在这样的背景下，百瑞源总经理郝晓琴女士选择走进逸马学习万利连锁系统。学习结束后，百瑞源邀请逸马专家团队“空降”西北，进行为期三天的深度调研诊断，最终确定与逸马达成战略合作。

随后，百瑞源开始调整商业结构与经营结构，丰富体验业态，由传统销售场所向社交体验、家庭消费、时尚消费、文化消费中心等转变；推动实体零售调整区域结构、业态结构和商品结构，满足居民的消费升级需求。

同时，百瑞源开始创新发展方式和经营机制，强化市场需求研究，改变引厂进店、出租柜台等传统经营模式，加强商品设计创意和开发，发展自有品牌，实行深度联营和买断经营，强化企业核心竞争力。

另外，百瑞源也开始促进线上线下融合，促进多领域协同，促进内外贸一体化，通过融合协同构建零售新格局。鼓励零售企业与创意产业、文化艺术产业、会展业、旅游业融合发展，实现跨行业联动。

这一系列的举措，让百瑞源开始朝着消费化的商业品牌转变，优质优价的百瑞源枸杞得到了消费者的广泛认可。今天，任意走进新华百货、华润万家等大卖场，都会发现货架上抢眼的位置一定有百瑞源枸杞的身影。望着百瑞源的产品，浮现在客户脑海的还有那一句经典的广告语：“好枸杞，可以贵一点。”

无界连锁的思维与观念

用“脑”规划模式；

用“心”带领团队。

——逸马“万利连锁”

思维决定行为，行为决定结果。

想在新零售时代有所作为，连锁企业就必须树立全新的思维与观念。那么，有哪些思维观念是我们要具备的呢？在此，结合相应的实际案例，给大家做一个简单的总结。

- 分享思维

我们一直强调世界是连锁的，其实这里就包含着分享思维。

分享思维的核心，是通过资源共享，让闲置的资源得到充分的利用，用更低的成本达到优化配置，提高效率。在平台运营中，分享思维是传播的利器，能让消费者通过分享变成销售商。比如，星巴克提出：每分享推荐 3 位新顾客，免费得 1 杯咖啡。

- 用户思维

什么是用户思维？亚马逊创始人杰夫・贝佐斯说：“我们不是通过卖东西赚钱的，我们是通过帮助用户做出一个对他有益的购买决定赚钱的。”这就是用户思维，即站在用户的角度去思考问题。

新零售与传统零售的区别在于，过去商品是核心，现在人是核心。只有深度理解用户，才能获得认同；只有被认同，企业才能生存。所有的商业价值，都是建立在用户之上。

- 社群思维

在讨论 IP 的章节中，我们已经涉及了社群的话题，即让一群有共同爱好、共同话题的人，通过移动互联网聚集在一起，在虚拟的网络平台进行交流、互动、融合，继而产生利益和价值。一个品牌如果没有社群，用户的黏性会很低，非常容易流失，而社群运营恰恰能够解决这个问题。

社群思维有三个关键点，即：跨界、连接、参与感。具体来说就是，运用社群思维的过程中，要学会跳到行业外，否则就会有局限性，难以创新；商品不只是买和卖那么简单，它是连接人与人、人与物之间的媒介，所以要学会挖掘产品背后的连接属性；至于参与感，就是让用户尽可能多地参与到产品的研发和设计中，小米手机就是一个典型的例子。

- 场景思维

场景思维，就是根据用户所处的场景寻找代入感，做好需求分析，提供相应的解决方案，引导不同的用户快速准确地找到他们的需求。场景思维的关键在于，如何构建场景，打造符合用户心智模式的消费场景。通俗地说，企业要为消费者创造良好的消费体验，让用户自愿消费。

场景分为两种：一种是已经存在的场景，另一种是尚未出现的场景。

就已存在的场景，要对其中的所有内容进行细致地观察，看能否发现“痛点”或创造新的“用户体验”，继而重构新的运作逻辑和运作体系，设计出新的产品或新的商业模式。比如，“优步”产生，就是把用户需求和提供租车服务的司机联系起来，对用户打车的场景进行了深度挖掘，继而重构出的商业模式。

就尚未出现的场景，需要我们在脑海里构思，目的是在产品上线前精准地预测实际效果，以及用户的使用行为。要做好这一工作，需要有足够的想象力和信息处理的能力。谁能拥有更好的场景思维，谁就能赢得新零售战场的主动权。

• 大数据思维

马云曾在数博会上说：“未来最大的能源是数据。”

所谓的大数据，就是通过对海量信息进行分析，获得巨大价值的产品和服务，或是深刻的洞察。谷歌公司每天对数据的处理量，是美国国家图书馆所有纸质资料所含数据的上千倍；Facebook 每天更新的照片量超过 1000 万张，每天网友在网站上点击“喜欢”按钮或评论约为 30 亿次，这些都为 Facebook 挖掘用户喜好提供了大量的数据线索。

在大数据时代，没有任何的数据是累赘，哪怕它看上去复杂、混乱。对人们搜索一个关键词的频率数据进行深入挖掘和相关性计算，都可以预测出某种趋势。对连锁企业来说，大数据是一项重要的战略资源，如果能看清大数据的价值并迅速展开行动，必然会在未来的商业竞争中占得先机。

融合：连锁经营的新业态

> 从企业的角度，跨行叫跨界；
>
> 从客户的角度，跨行叫以客户为中心的平台运营。
>
> ——逸马“万利连锁”

2017 年 3 月，阿里研究院发布了《新零售研究报告》，全面而系统地解读了新零售的概念与方法。其中有一项提到，新零售不是现有的零售场景和业态的简单相加，而是借助数字技术、物流业、大文化娱乐业、餐饮业等多元业态均延伸出零售形态，从而产生更多的零售新物种，产生全新的商业业态。

在连锁行业里，我们也惊喜地看到了这样的趋势，而导致新业态出现的直接原因，与消费升级有很大的关系。相关研究显示，当人均 GDP 超过 7000 美元时，大众消费就开始从模仿式、排浪式的消费进入个性化、定制化的消费阶段。

随着中国经济的飞速发展，人均 GDP 的提升也很快，在 2015 年就已经接近 8000 美元。与之相对应的是，中国的消费结构也到了快速升级的阶段。在这一阶段，消费主体更加个性化，18~35 岁的新生代与中产阶层构成了中国的消费主体，他们对产品的品质品牌、服务质量，以及生活质量和效率都很看重，呈现出个性化、多样化消费的需求。

个性化消费的需求特点在于，重视心理满足，追求情趣与个性；强调商品与服务内在的品质，重视时尚性、安全性和独特性；关注消费的文化内涵，比如商品的文化特质、艺术价值、欣赏价值等。

基于这些特点，我们的连锁零售也必须随之升级。未来，连锁业要沿着以下几个思路来展开，即线上线下融合、多业态跨界协同发展、构建社交化场景化模式、重构智能高效供应链体系……如果不能跟上时代的节拍，必将被时代的浪潮淹没。

之所以要沿着这样的方向来做连锁零售，依然是出于以客户为中心的逻辑。

以日本的茑屋书店为例，可能会对这一逻辑有更好的、更清晰的理解。

日本每年都有 370 多家书店面临倒闭的命运，但茑屋书店却是一个例外，它成立于 1983 年，至今在日本有 1500 多家分店，是日本最大的连锁书店。

很多人一直想不通：书店是靠什么赢利的？

让我们看看茑屋书店给出的答案吧！茑屋书店的创始人增田宗昭，在当年写给银行的借款说明书上，开头就说明了自己的初衷："我想做一个生活信息的提案场所。"他很看重顾客价值和生活提案方式："如果你具有生活提案能力，就没有必要做大规模的店铺，也没有必要做很大的投资，只要有自己的核心东西提供，消费者自然而然就会被吸引。"

所以，茑屋书店只是一家书店吗？不，它是通过书籍进行提案的场所。

对其他书店的店员来说，书籍的摆放可按照作者名、出版社名进行分门别类即可。但在茑屋书店，店员就要站在客户的角度，为他们提供各式各样的方案和建议，要对书的内容有深刻的理解。这里的店员不普通，有料理杂志的前主编，有旅行指南的记者，还有举办过200场演唱会、做过爵士乐制作人的音乐家，他们会通过选书、陈列、内容企划等全方位服务，实现对顾客的提案。

茑屋书店决意只做三项工作：创造平台让客户快乐，活用数据让客户快乐，提供内容让客户快乐。没错，一切都是以客户为中心的，一切都是以让客户快乐为出发点的。茑屋书店没有把书店打造成卖场，而是把它打造成一个家。

增田宗昭认为：顾客价值高于一切，只有当“卖场”成为“买场”，才能真正赢得顾客。顾客可以把茑屋书店的书带到任何地方去看，看完再还回去；也可以把影音区里喜欢的音乐听个遍，尽情去欣赏收藏的电影，旁边还有专业人士提供咨询；就连耳机也有不同品牌可提供，还有不同的乐器供顾客试用；店里还能体验各种电子产品，这里也是苹果官方授权的售后服务点，甚至能跟最新的机器人玩耍。

茑屋书店还引进了Anjin餐厅，提供无酒精饮料、咖啡以及小食品，四周环绕着超过3000本古董杂志，带给顾客食物与精神的双重养分。孩子也会喜欢这里，因为这里有20多个国家和地区的儿童玩具……甚至你想象不到，这里还有宠物狗乐园，提供美容、医疗等一系列服务。所以，增田宗昭打造的茑屋书店，不仅仅是销售书籍，更是将不同的业态融合起来，把喜欢读书、观影、听音乐的人聚集起来。

通过了解茑屋书店，我们要认清一个问题：从企业的角度看跨行叫跨界；从客户的角度跨行叫以客户为中心的平台运营。站在客户的角度，没有行业的区别；站在企业的角度，才有行业的区别。就像客户永远不会去思考，茑屋书店里都涉及哪些行业，他们只是知道并感受到，待在这家书店里，可以享受一场完美而丰盛的身心盛宴。

事实上，从客户的角度去看，所有的行业都是一个行业，都是为客户提供产品与服务的行业；抢占客户的时间与空间，就是我们共同的工作。在这样的情境下，平台就如同某一个电视台，而行业就如同电视台的某一个频道。我们是一体的，也是多维的，客户想看什么，想要什么，都可以随心所愿地做出选择。

现阶段，我们的本土连锁企业多数尚且达不到茑屋书店的高度。但是，已经有一些头部企业开始朝着这个方向努力。接下来，我们结合一些实际的案例，对本土连锁企业采用的新业态 + 连锁的模式进行一些归结整理，希望大家也可以从中有所收获。

超级物种：餐饮 + 超市

市场要求和客户要求，
是对企业的最低要求。

——逸马“万利连锁”

提起“超级物种”，大家肯定不陌生，它是永辉旗下子公司永辉云创打造出的新零售新业态。永辉云创成立于 2015 年，主要负责永辉集团的创新业务，探索会员电商，助力新业态的孵化和发展。2017 年初，永辉超市携手今日资本共同增资云创，推出了“超级物种”。

我们都知道，永辉超市的主营商品很有特色，其营业额有近一半都来自生鲜。由于成本控制得好，所以永辉在生鲜市场上的优势突出，这就为做新零售奠定了基础。

永辉超市的“超级物种”，第一家店开设在福州，它把餐饮 + 超市的融合发挥到了极致。在 500 平方米的空间内，不但销售商品，还引进了精致美食工坊：鲑鱼工坊、波龙工坊、盒牛工坊、麦子工坊、咏悦汇、生活厨房、健康生活有机馆、静候花开花艺馆，这些工坊全部是永辉超市的自营餐饮品牌。

传统的商超主要是逛＋买，而“超级物种”却是“逛买吃”。在增加了餐厅业态后，从买食材到加工，再到直接就餐体验，彻底打造出与“吃”有关的场景消费体验，让消费者驻留的时间更长，增加了客户黏性，也刺激了消费。

“超级物种”温泉店的布局很简约，但充满了时尚感，整个超市是一幢透明的、落地的玻璃小楼，坐落在一片草坪上，门口花团锦簇，长廊上是休息的座位，环境优美。墙内的设计也很出色，LED灯照明，有红色灯笼点缀，开放式的玻璃展架，新鲜安全，一目了然。这样的环境，让“超级物种”的消费体验直接上了一个层次。

“超级物种”里的商品，全都采用电子标签，这种电子标价牌用的是电子墨水，里面的内容可以随时在后台更改，减少了传统纸质标签的人力耗费，实现同步促销，也更加环保。而且，电子标签和ERP系统相结合，能随时查看库存的变动。

“超级物种”餐饮店使用电子叫号器，顾客选好商品付款后，会拿到一个电子叫号器。食物加工好后，电子叫号器会发出响声，提醒顾客到门店取餐。在等待期间，顾客可以继续选购商品，不用耗费时间在原地等待。

在支付方面，“超级物种”也提供了多种选择，可人工结算，也可自助收银。自动收银机减少了结账时间，减轻了人力成本，且操作简单，流程清晰，只要把每一件商品的条形码对准自助收银机的扫码区，即把价格扫入机器。最后，顾客在显示器上选择付款方式（微信、支付宝、银行卡、永辉卡等），十分便捷。

新氧：内容＋社区＋电商

付出的过程，

收获已经完成。

——逸马“万利连锁”

在消费升级的浪潮下，服务和医疗领域在未来有很大的发展空间。近年来，我国服务业规模日益壮大，已成为中国经济第一大产业。服务业对GDP贡献率呈现加速上升趋势，2018年达到59.7%。处在美容服务和医疗行业交叉点上的“新氧”，看准了这一机遇，且抓住了现代人的需求痛点，开始发展“内容+社区+电商”的新业态。

2013年，新氧问世，它的APP定位是社交平台和医美电商。新氧推出了整形日记的产品形态，用户把自己整容前后的照片分享出来，做成一个“连载”，把术后第一天到完全恢复后的全过程，连续地分享出来。这样的整形日记，在新氧有350万篇。

当这些内容呈现在用户面前时，这个APP就不仅仅是一个供爱美者沟通互动的平台了，而是变成对医生和医院的评价系统。消费者看到真实的分享和用户的点评，可以更加理性地做出消费决策。这350万篇整形日记，也是新氧社区运营逻辑的起点。

新氧社区刚启动时，用户很少，也没有人乐意分享，更没有人关注，这仿佛成了一个死循环。2013年，人们对整形的态度还比较排斥，但韩国相对开放很多。韩国的论坛里有不少人分享自己的整形日记。于是，新氧就找到了几十个韩国留学生，让他们在论坛里找到优质日记，并翻译成中文，发布在新氧的平台上。这是新氧运营整形日记的第一步，共累积了8000篇整形日记，为中国消费者树立了参考模板。

吸引了一部分用户浏览之后，重要的是让用户分享，可是怎么操作呢？新氧平台有许多想整形的注册用户，医院可以跟他们签订协议，只要在新氧上连载整形日记，就可以参加优惠活动，这属于给医院做推广，所以医院愿意在新氧平台做活动。推出这个活动后，报名人数骤增。

报名的人多了，要如何筛选呢？办法也很传统，就是让用户发帖，“我参加某医院的免费整形活动”，写清楚为什么要选自己以及参选的理由。利用这样的方式，新氧社区的氛围一下子就热闹起来，大家开始相互拉票，谁得的票多，谁就有优先被选择的资格。就这样，用户之间开始发生连接，社区变得有温度、有活力了。

对整形这件事，消费者的心态是有波动的。最初，有了想要整形的念头时，会感到比较兴奋，想象着自己要变美了。可真的要推进这个过程，开始做功课、搜集信息、与人交流后，焦虑感就会冒出来，特别是看到那些失败的案例，而医生又无法做出承诺时，消费者就会变得很焦虑、很纠结。

怎么办呢？新氧社区在消费者最焦虑的时刻，提供了一个术后恢复日历的功能，为患者做记录。这样一来，许多用户在做完整形后，也会效仿社区内的人进行分享，整个社区就形成了一个良好的氛围，甚至固化为人们的行为模式。

解决了如何让用户分享的问题之后，新氧就开始思考上线电商平台了。医院和医护人员是与消费者面对面接触的第一人，可以鼓励他们分享日记，于是新氧就开始打造医美的电商平台，让消费者直接在线付费预订，等于给医院提供了一个吸引用户的平台。

有了一些先行的体验者，医院和医生也加入其中，销量开始逐渐上涨。同行的医生看到有这样一个平台，自然也会有加入的动力。慢慢地，他们也成了新氧平台运营的医院和医生。在规则的制约下，整个生态就实现了良性运转。

不过，这只是完成了医美的“上半场”，在医美的“下半场”，流量只是一个方面，谁能为用户提供更好的服务，谁才能在竞争中取胜。为了更好地把控服务质量、整合医生资源，新氧也尝试了一些全新的努力，如建立自营线下医院。

2016 年，新氧在线上积累了一定客户资源后，就开始朝着线下扩张，并在北京、上海和深圳等地先后推出了 4 家新氧云诊所门店。很可惜，只维持了两年之久，新氧云诊所就陆续休诊，线下店的项目以失败告终。

究其原因，新氧云诊所的定义是“最互联网的微整形连锁诊所”，也就是对有牌照的中小型诊所利用托管的方式，进行资源整合和标准化管理，所以严格上来讲，云诊所并不是新氧的诊所，它只是充当了一个管理咨询的角色，无法保证最终的服务质量。

尽管没能取得线下的成功，但这一次尝试也让新氧更加清楚未来的方向。医美领域下半场的战斗已经打响，流量为王的时代即将成为历史，平台的变革才是决胜的关键。未来，新氧如何围绕“提供优质平台服务”的核心去迎接挑战，从交易闭环走向产业闭环，我们拭目以待。

途虎：电商平台 + 上门服务 + 线下门店

战略要有前瞻性，

模式要有先进性。

——逸马“万利连锁”

途虎养车网成立于 2011 年，是一家以养车为主的 B2C 电商平台。为了给车主提供优质的服务体验，它在线上不断增加商品和服务品类，同时也在线下积极地开拓合作门店。

随着“互联网 +”的不断普及，不少创业者都加入了汽车市场，将汽车维修、汽车保养、汽车美容等项目推到线上。可是，在前期吸引眼球是远远不够的，要想持续发展，还要在汽车后市场下功夫。途虎养车网抓住了车主养车的痛点，在短短几年的时间里，通过线上预订 + 线下安装的一站式服务体系，获得了不少消费者的青睐。线上，有专业的客服帮助车主完成汽车配件的过程，提供相应的咨询服务，带给用户极大的便利；线下，提供安装服务的门店，为车主提供优质的服务。

经过不断地发展壮大，途虎目前已经成为中国汽车后市场中的佼佼者。截至2018年8月，途虎养车已经在全国范围内拥有13000多家合作安装门店和超过500家工场店，服务能力覆盖31个省、自治区、直辖市，405个城市。

在合作门店的选择上，途虎也是秉持着专业精神，制定了严格的评选标准。从门店的地理位置、服务项目、专业程度等多个维度，综合考虑并衡量，为的就是确保服务质量。途虎相信，线下门店提供的服务，直接决定着用户体验以及对途虎品牌的认可度。

未来，途虎养车网要不断扩充优质门店，对合作的门店提出更高的要求，对不合格的门店进行淘汰。在他们看来：为给消费者提供优质服务，如何严格都不为过；一切严格，都是为了让消费者可以放心地前往途虎的任何一家门店。这，恰恰是连锁的要义。

米派快装：售后服务平台＋在线业务运作

团队成就平台，
平台成就个人。

——逸马“万利连锁”

在共享经济的浪潮中，特别是互联网＋科技的推动下，多数商业模式都面临着变革挑战，甚至整个行业都要重新洗牌，装饰行业也不例外。家装市场已经快速互联网化，店装市场也暗潮涌动，变革在即。

那么，传统的店铺装饰市场要怎么做，才能快速突围、稳定增长呢？

米派建设从2015年就开始认真思考这个问题。现在，这家传统的店铺装饰公司，已经找到了突围之路。它意识到市场的发展，连锁化经营的品牌需要在短期内形成裂变势能，快速抢占市场份额，就要求装饰供应商在目标市场能高效率、高品质地提供产品和服务。

基于上述店装市场客户的核心需求，米派建设制定了清晰的战略方向，强化“米派店铺快装”业务模块，依托新材料、新工艺、新模式，以最快的速度，为客户提供最优质的服务，助力品牌实现升级之梦。

同时，米派建设还自主研发了“米派快修”在线维修服务平台，解决了连锁企业运营期“维修无响应、服务效率低、费用不可控”的三大痛点。从快装到快修，从品质到优质，从供应商到服务商，是米派建设真正为连锁企业“立体赋能”的开始。

米派建设首创的“双快”服务模式，以“统一的服务形象、统一的作业流程、统一的收费模式”实现店装行业的透明化、标准化、品牌化，满足了连锁企业对店铺装修和运维“低价、便捷、安全”的核心诉求，已经是众多国际化品牌连锁企业在中国的优选合作对象。

米派建设以上海市场为基点，在全国化发展的过程中，紧紧围绕“快装、快修”的服务理念，以“高性价比、高满意度”为核心价值，满足客户的“双享”体验，被誉为店铺装修行业的“米派标准”。

米派建设通过互联网 + 的全新模式，以跨界的思维链接用户、触达用户，打破传统界限，融合产业要素，与员工共成长，与客户共发展。

无界连锁，相融共生；米派建设，正在路上。

连锁零售的数字化运营

> 实体店就像一座庙，里面有几位“家和尚”；
>
> 数字化后的实体店还是座庙，里面还有几位“家和尚”，同时有一批“野和尚”。
>
> ——逸马“万利连锁”

零售业是人类最古老的行业之一，从以物换物的个体交换，到专门从事零售的商人；从个体小商铺，到超级商场和连锁商店，零售业一直在不断发展，不断创造新概念。这是一个敢于接受新事物的行业，特别是互联网的出现，更给零售业带来了翻天覆地的变化。

然而，无论消费环境怎样变化，有一个认知和趋势是有目共睹的，那就是数字化问题。所有零售企业的使命只有一个，就是为消费者服务。当消费者被数字化以后，企业若是跟不上形势，没有实现数字化运营，就可能惨遭市场淘汰。

过去的零售市场，特别是连锁企业，大都是“跑马圈地”，通过开更多的门店来占领市场。可是，开店之后，如此庞大的终端要怎样实现有效运营，提升门店的经营效率呢？数字化运营就是一个必不可少的利器。今天，大数据、AI深刻地改变着整个零售产业的上下游，从采购、销售到决策，再到供应链、用户管理，几乎每一个环节都离不开数字化。

在许多连锁零售企业身上，我们都能够感受到新消费时代的到来，它们在数字化运营方面找到了属于自己的转型路，为广大的中小企业提供了一些参考价值。当然，在这个迅速升级的时代，没有一刀切的解决方案，也不存在家家通用的标准模式，只有深刻认识新零售技术，深刻认识消费者习惯，才能迅速切入新消费时代，开创自己的新蓝图。

良品铺子：全渠道背后的数字化力量

体现和感悟连锁，

必定要密切关注产业链的整合。

——逸马“万利连锁”

良品铺子，是一家研发、加工分装、零售休闲食品的专业品牌连锁运营公司。

2006年8月，良品铺子的第一家门店在湖北省武汉市武汉广场诞生。历经十几年的发展，良品铺子现已成为国内有名的休闲零食品牌。《中国糖果》杂志发布的2018年全球100强糖果公司排名中，良品铺子以60亿人民币的销售额名列全球第24名。

良品铺子采取线上线下全渠道协同发展的运营模式，它线下有2000多家实体店，线上在天猫、京东、美团外卖、饿了么等知名平台都有它的身影，且良品铺子还有自己的APP、微信公众号等。可以说，这种全渠道的运营模式，是良品铺子最大的优势。顾客在线上下单，可以在附近店铺取货；在网上拿到红包，可以到线下店铺兑现，既提升了效率，也提升了消费体验。

毫无疑问，良品铺子让消费者在购物的过程中享受到了便捷、高效和优质的服务，而这样的结果离不开数字化力量的支撑。在实行数字化转型时，良品铺子从两个方面入手：对内改变管理者的思维，调整组织架构；对外与SAP、华为等展开合作，最终依托数字化运营，以零食为载体，成为流量分发的重要渠道。

信息化和数据驱动，赋予了良品铺子全渠道模式的“通”和“同”。所谓通，就是消费者在不同的平台上，其身份、权益、会员等级、爱好、订单等都是相通的；所谓同，即消费者在各个渠道享受到的产品和服务体验都是相同的、无差别的。

随着数字化运营的不断深入，良品铺子对全渠道提出了“新四化”运动。

第一，门店互联网化。门店互联网的核心与关键是，借助技术实现以门店为核心，把全渠道、全会员、全数据打通。

第二，公司所有业务电商化。

第三，社群化。微信、微博全面打通，实现社会功能。

第四，本地社区化。

通过良品铺子的案例，我们也可以看到，连锁发展到平台模式，不是单纯地追求线上或线下，而是相互融合。唯有多渠道全面覆盖，才能真正满足不同客户的需求。

资本赋能连锁企业成长

资本，只喜欢好的东西。

——逸马“万利连锁”

连锁企业发展到平台模式，得益于一对强大的左膀右臂，即“互联网 +”与“资本”。不夸张地说，我们的企业已经进入了资本推动快速发展的时代。放眼望去，无论是阿里、京东，还是小米、美团，都是在资本的推动下实现了跳跃性的发展。

然而，关于“资本”的问题，许多企业经营者尚未意识到它的重要性，甚至脑子里根本就没有这个概念。我在做连锁咨询的这些年里，接触过不少白手起家的实干家，他们没有接受过高等教育，也没有读过 MBA，当年创业时全凭一时热情和胆魄。很多人就不太重视资本运作，也忽略了资本在企业发展中的作用。

我对这些实干家充满了钦佩，同时也希望带给他们实质性的帮助。之前，就有一位私营连锁企业主跟我提起，这十几年来他拒绝各种资本的介入，企业发展得比较缓慢，但没有亏损和外债，这让他颇感欣慰和自豪。但最近几年，他的竞争对手在资本的运作下，从默默无闻一跃成为行业中坚，前后不过四五年的时间。这让他倍感惊讶，同时也产生了危机感，如果再这样下去，自己的企业很可能被从前那些不入眼的对手给吞掉。

这位老板说得很实在，他说自己就是一个农民企业家，不懂资本运作，这几年经常有一些投资公司的人给他打电话，说要给他的企业投资，并承诺帮他的企业上市。他听了之后有点心动，可又觉得企业上市之后就不属于自己了，这种感觉就像是把自己辛苦养大的孩子拱手让人，让他既担忧又不舍。

为此，我同他探讨了一个问题：做企业的目的是什么？他想了想说，是要把企业做强做大，且那些做投资的人也告诉他，企业若上市了，比他干十几年获得的资本还要多。我给他解释说，如果能够上市，的确可以让资本几十倍地增加，这就是资本的力量。

一番恳谈后，那位企业家恍然大悟，原来自己真的应该多了解一些和资本有关的内容。我建议他听一听相关的课程培训，多学习、多了解，再重新考虑企业是否接受投资人一事。

在这里，我简单介绍一下和资本有关的话题。在这个竞争激烈的时代，企业想要快速实现财富梦想，懂得资本运作是非常必要的。传统的企业或公司，大都是做产品经营，围绕产品和服务进行生产管理、产品改进、市场开发等一系列活动。可当企业发展到一定规模后，就要涉足资本运作领域，只是程度大小不同而已。

需要强调一点，企业能够融到钱是好事，但资本的力量再强大，也无法让一个不合格的企业上市。企业如果本身没有正向发展的核心业务，没有盈利模式，就算有再多的资本，最终的结局也一样会破产。因为，他们从资本市场中获得的钱，超过了其自身价值。一个没有价值的企业，可能会依靠着短期的炒作迷惑一些投资者，在短期内引来资金，但如果长时间地只是烧钱而不赚钱，定会被资本市场淘汰。

资本的本质，就是以钱生钱。只要有适当的利润，资本就会胆大起来。马克思的《资本论》中有言："一旦有适当的利润，资本就胆大起来。如果有 10% 的利润，它就保证到处被使用；有 20% 的利润，它就活跃起来；有 50% 的利润，它就铤而走险；为了 100% 的利润，它就敢践踏一切人间法律……"如果没有任何利润，资本就会立刻翻脸，置企业于死地。

资本是一把双刃剑，用好了财富倍增，用坏了满盘皆输。对我们的连锁企业主来说，在资本市场寻找资本之前，务必要做好以下几件事：

- 在开始任何商业性事业之前，先把目标盯在市场。能否实现从产品到商品转变过程中的跳跃式增长，关键就在于企业对市场的掌控和驾驭能力。
- 不要只重视技术和产品，而不注重对用户需要和消费习惯的研究，以及市场营销和管理团队的组建。连锁领域的经验数据认为，企业经营者在营销、团队组建和技术方面的精力投入，应当是5∶3∶2的配比。
- 把自己熟悉的行业做好做精，避免进入自己不熟悉的行业，隔行如隔山。
- 任何企业都不是单独存在于一个行业中的，要清楚企业在产业价值链中的位置，继而建立产业联盟，实现价值传递。
- 积极建立商业关系网络，借势外部资源，关系网对企业的成功发挥着关键作用。
- 重视企业的财务管理，关心现金流，关注成本，不要过于乐观地预计销售额。
- 注重企业文化的打造，保证内部管理团队在商业理念和质量标准方面形成一致性意见，同时尽量让用户与投资人也认同这一理念和标准。

总而言之，资本市场有美好的一面，也有残酷的一面。企业想在资本市场顽强地活下去，一定要看准、分析好、跟着市场的脚步走，在使用资本市场的钱时，努力让自己不断升值。只有这样，才能在资本市场中立足。

强森医疗：社区医疗未来的缩影

在使用资本市场的钱时，
努力让自己不断升值。

——逸马“万利连锁”

很多人都认同一句话："痛点越多的地方机会越多。"强森医疗的创始人何海洋，恰恰就看中了这一点，故而在梳理了整个健康产业后，把目光投向了社区医疗行业。

随着城镇化的快速推进，大量人口涌入城市的新区。新区通常缺少优质的医疗资源，而老人和婴儿的比例在不久的将来也要达到高潮，对医疗的需求会出现暴增，供需不平衡导致的矛盾会日益凸显。大医院人满为患，基层医院门可罗雀，伺机而动的何海洋，抓住了医改大力推进分级诊疗的契机，在 2014 年于陕西西咸新区创办了强森医疗。

对于强森医疗，何海洋希望把它打造成社区医疗领域的"星巴克"，通过便捷的地理位置、专业而温暖的服务、标准化的产品、规模化的运营，打造一个被客户和市场认可的社区连锁门诊。强森医疗引进新加坡医院管理模式，推行责任医疗制、移动预约制、10 分钟问诊制、打包收费制、家庭会员制、全科门诊服务一站式"六优体验"，对接国际医疗品质。设有内科、外科、妇科、儿科、口腔科、中医科、皮肤科、超声影像、医学检验等科室，并提供日间手术、健康体检、皮肤美容、预防保健、疫苗接种、康复理疗、绿色转诊等服务。

迄今为止，强森医疗在全国已经拥有 40 余家线下连锁医疗机构，拥有 700 余人的医技护团队，覆盖了西安、成都、重庆三个城市的 150 多个社区。与此同时，强森医疗从社区切入，与万科、华润、华远、融创、雅居乐等多家知名地产商达成"15 分钟便诊生活圈"社区医疗配套战略合作。

强森医疗的发展速度有目共睹，而这一发展的背后离不开资本的协助。强森医疗分别于 2015 年 4 月和 2016 年 6 月完成 Pre-A 轮（德辉资本）和 A 轮（君联资本领投、德辉资本跟投）融资。2017 年 4 月，完成启明创投、君联资本领投的 1 亿元 B 轮融资。2018 年初，强森医疗宣布完成数千万元 B+ 轮融资，投资方为现代服务业发展基金。

获得资本是一回事，强森在获得资本助力的同时，也没有忘记提升自己。仅在2017年，强森就做出好几桩“大事”，以此证明自己的价值。

- 成功开发并试用“医助云诊所”SaaS系统

强森医疗自主研发SaaS“医助云诊所”信息管理系统，引入美国梅奥诊所知识库临床决策辅助系统，并应用阿里云平台，建立了标准化临床诊疗路径，实现从移动预约到远程医疗，从健康监测到自动提醒，从用药规范到无线支付，以及电子病历系统与费用细项查询等全方位智能信息化管理，让优质国际化医疗服务触手可及。

- 发力企业端客户，推进员工医疗保障计划

强森医疗在西安区域的诊所布局已经小有规模，在C端客户持续增长的情况下，它开始针对B端的企事业单位发力，推出员工医疗保障计划“企康保”服务，形成“社区—家庭—单位”一体的医疗健康服务覆盖。

- 开启“医生合伙人计划”，激励医生的积极性

国家医改政策提出，鼓励个人诊所开办，且允许医生多点执业。强森医疗据此形势，开启了“医生合伙人计划”，一方面符合医改政策，另一方面也能更好地进行人力资源分配，激发医生的自主性和能动性。

- 重新梳理并确立集团发展战略：小前端、大平台、富生态

所谓“小前端”，指的是每一个社区诊所；所谓“大平台”，指的是以IT系统支撑的全国化互联互通的连锁模式；所谓“富生态”，指的是以产品创新、服务升级、支付变革、业态模式重组等形成的“自循环+外循环”的社区医疗系统，打造国内第一个家庭责任医疗组织。这是强森的全新发展战略，它关系着未来三五年强森医疗要走的道路，更加清晰、明确地描述了它的发展模式，体现了很强的目标感。

依据这一战略，强森医疗未来要构建“云端+终端+产品”的连锁诊所生态

链，为医生提供线上线下整合诊疗平台，为社区居民提供更加丰富、更加便捷的医疗健康服务场景和消费内容。

从上述的举措，以及强森的发展战略中，我们已经清晰地看到，强森医疗把“互联网 +”和“资本”运用得十分到位，这两大臂膀支撑着它在医疗连锁行业立足、扎根、发展。

好产品始终是核心竞争力

> 个人，短期拼机遇，中期拼能力，长期拼人品；
> 企业，短期拼声势，中期拼模式，长期拼产品。
>
> ——逸马“万利连锁”

平台运营是连锁的高级阶段，我们谈到了借助技术和平台，实现全渠道运营，打通线上与线下，带给消费者高效便捷和优质体验。同时，也提到了资本助力，让企业实现做大做强的初衷。然而，这一切都只是工具性的东西，如果产品的质量无法保证，就如同空中楼阁，没有根基，注定无法长久。

这样的例子，我们在现实中见过太多。某一产品或品牌，入驻了各大平台，广告做得风生水起，各种优惠福利回馈消费者，但也只是昙花一现，热闹了一时就无人问津了，即便赠送再多的优惠券，也没有顾客买账，原因何在？很大一部分原因，就是产品出了问题，质量不能让消费者满意，只顾着追求表象上的光鲜，而忽略了真正的内核。

著名的马斯洛需求层次理论将人的需求分为五个层次：生理需要、安全需要、社会需要、尊重需要、自我实现。实际上，用户的需求也是分层次的，体验的建立不是一蹴而就的，有一个循序渐进的过程。东京理工大学教授狩野纪昭在 1979 提出了 KANO 模型，该模型中包含了基本型需求、期望型需求、兴奋型需求等，分别对应着不同的用户体验。

- 基本型需求——产品的基本功能

基本型需求是用户认为不可或缺的，通常对应着产品的基本功能，如果这一需求无法满足，用户的体验会很差。比如，新买的一款水杯，想出去玩的时候带着，结果发现水杯漏水，这肯定会让用户大失所望，不会再次购买。

- 期望型需求——用户的满意程度

期望型需求是指提供的产品或服务比较好，能够带给用户一种高级别的体验，但不是必需的。比如，海底捞为客人提供免费的美甲服务，这跟吃火锅没有任何关系，但是这项服务却让用户感到贴心。

- 兴奋型需求——用户的潜在需求

兴奋型需求指不被用户过分期望的需求，也就是超越了用户的需求。苹果iPhone手机刚问世时，完全颠覆了人们对传统手机的认知，带给了用户太多的惊喜。这一需求提供的是极致体验，一旦得到满足，用户的满意度会迅速提升。

我为什么要谈需求和体验呢？答案很简单，迎合“互联网+”的趋势也好，全渠道多面开花也罢，或者是携手“资本”助力企业成长，不是你这样做了，就一定能够成功。无论走多远，都不能忘记初心，那就是满足用户最基础的需求。

就像我们前面说过的水杯的案例，某品牌生产的水杯外观很漂亮，也紧跟时尚，线上线下都可以买到，但它基本的功能不完善，外出携带会漏水……仅此一点，它就毁了所有。只注重表面功夫是不行的，抓住让用户尖叫的点很重要，但不要在尖叫声中迷失，忽略根本。无论何时何地，无论线上线下，好产品始终是核心竞争力，永不过时。

第十二课：一切在于人，一切为了人

模式眼花缭乱，商业本质不变

> 太阳底下没有新鲜事。
> 今天很多的新事物，似乎在历史中都出现过，
> 只是外衣不同罢了。
>
> ——逸马“万利连锁”

时代的发展，环境的改变，思维的转换，是任何人都无法阻止的更迭。阿里开了盒马鲜生，永辉推出了超级物种，三只松鼠以品牌为核心在线下开了投食店，公园盒子布局无人健身仓……这些零售业态各有各的亮点，且都做得风生水起。面对这些纷繁复杂的新业态、新模式，很多连锁企业的经营者不禁开始发慌，他们在心里涌起一个又一个问号。

- 什么是新零售？为什么它会这么火？

- 新零售里是否有一些是基于新产品的细分和推进？
- 是不是通过数字化工具来改善零售的效率可以提升用户体验？
- 消费者的消费习惯愈发碎片化，是否要主流去满足碎片化的生活需要？
- 大而全的企业是不是没有活路了，未来要走小而美的路线？

……

面对激烈的市场竞争和犹如雨后春笋般冒出的新模式，的确让人忍不住冒出一连串的疑问，迫切地想要找到答案。毕竟，对企业而言，认清趋势、顺应变化是很重要的事。但除了这两者以外，我们还需要重视一件事，那就是“摸清规律”。这一点是重中之重。看事情不能只看表面，要看到事物的本质。有些事物看起来神秘莫测，实则只是形式上的变幻，若能透过现象看到本质，便能更好地知晓，该改变什么，不能改变什么。

商业的本质是什么？两个字——买卖。

连接是商业的前提，互联网所改变的就是连接的方式，让信息变得对称，改变了商业模式和效率，实现生产的工业化、体验的个人化。然而，商业思维并没有发生本质上的变化，它依然要最大限度地扩大销售、降低成本、创造价值、提升效率。

古代的生产、销售环节，效率十分低下，那时候的商业思维，大致上就是把握供求关系，低买高卖。谁的消息更灵通，敢冒险，能吃苦，谁就能赚到钱。

到了工业社会，工业化生产发挥了规模效应，航海技术日益发达，加速了商品的流通，教育的普及也促进了信息的加速流动。资本家通过提升生产和物流的效率来赚取利润。这个时期的商业思维，更侧重于关心规模和成本。

第二次世界大战之后，全球的运输业发展迅猛，大型企业都开始进行全球化采购、生产和销售。此时的商业思维是全球化、媒体、营销，究其本质还是规模效应，目的是降低成本，扩大市场占有率。

紧接着，互联网的崛起使信息流通的速度变得更快，极大地提高了生产效率，新一轮的成本降低潮来袭。后来，就出现了“互联网思维”。虽然提法一直在变，但本质依然是企业价值链各个环节降低成本、提高效率、扩大规模。

前面我们谈及线上和线下的融合，也就是“互联网 +”，现在我们跳出这个字眼去看，实际上它还是一种如何做生意的商业思维。商业的本质是买卖，而买卖的核心又是什么呢？话题又回到了前一节的内容，你的营销做得再好，宣传做得再多，文案写得再打动人心，如果产品本身不够好，等风吹过，不但不能借风起势，反倒容易落得满身灰尘。

北京大学国家发展研究院陈春花教授在解释“生意的核心是什么”的问题时，说过这样一番话：

“大量产生和大量消费不是最重要的商业逻辑，最重要的商业逻辑应该回归到可持续性。如果从生意的核心去理解，就会看到：我们今天看技术，不是看技术本身；技术所做的最重要的事情，就是为人类创造出舒适的生活空间。如果把技术和人类的生活空间做一个组合，我们可以理解技术的目的——释放人的生活，释放人本身，释放人回归到人类自己的命运和追求当中来……如果整个商业逻辑不沿着人本身的价值去追求，那么这个商业已经没有存在的意义了。”

我们可以更简单地理解这番话：概念性的东西总是有生命周期的，来得快，去得也快。在千万变化的商业世界里，唯一不变的是质量、价值和诚信。

大家想想也会知道：一个东西好不好，口碑的影响力是巨大的，尤其是在互联网时代。想获得可持续发展，无论营销的方式怎么变化，产品的质量是不可动摇的根基，唯有每一个细节都超越用户的期望，创造出让用户走心的服务，才能在时代的浪潮中脱颖而出。

在“互联网 +”时代，连锁企业要跟随形势适当变动，但也要秉承商业的本质。从某种角度上来讲，互联网思维的本质是商业回归人性，产品与消费者之间不再是单纯的功能上的连接，消费者开始关注附着在产品功能之上的口碑、文化、格调、魅力、人格等东西。

这也促使着连锁企业未来要朝着“一切出于人，一切为了人”的方向走，为消费者提供更多超出预期的增值服务，从而实现追求利润最大化和实现社会价值最大化的经营目标。

满足不断变化的客户需求

专注产品，伟大产品成就企业根本；

专注客户，伟大客户成就伟大品牌。

——逸马“万利连锁”

7-11 的创始人铃木敏文说：“零售的本质，就是满足不断变化的客户需求。”

这句话说得很朴实。很多人都知道，目标客户是企业赖以生存的基础，一切都要围绕客户的需求出发。可话说回来，有多少人、多少企业真能做到呢？仔细品味这句话，我们会发现，它其实涉及了三个维度，即客户需求、不断变化、满足。

试问，有多少连锁企业能够准确抓住自己的目标客户？能否知道客户的真实需求，或者是没有被竞争对手满足的需求？这本身不是一件容易的事，更何况时代在发展，消费者的需求变化越来越快。正因为此，才有了数字化转型。毕竟，依靠软件和硬件方面的数字化工具，可以了解客户的大部分需求。

我们知道客户的需求在不断变化，那如何调整自己的经营模式，让自己的渠道、场景满足客户的需求呢？这又是一件很有难度的事。消费者是很复杂的，即便你知道他的需求，也不一定能够真正地、很好地满足他。所以，连锁零售看起来是一个传统的、门槛较低的行业（主要指线下），但实际上，对每一位创业者和从业者而言，都有不少的坎儿。

纵观市场经济的发展历程，从改革开放至今，大致经历了以下四个时代：

- 商品经济时代

在这一阶段，不同企业生产的产品大同小异，甚至是彼此可以替换的东西，因而我们将其称之为商品。这一阶段可谓是整个市场经济的初级阶段，市场上蔓延着抄袭、模仿、跟风的模式，反正比得就是谁的价格更低。

- 产品经济时代

在这一阶段，不同的企业开始发展不同的品牌，产品也有了自己的特色、个性和差异化，出类拔萃的东西自然更能赢得市场占有率。

商品经济时代属于大众化消费阶段，企业通过社会化大生产降低了成本，让产品达到了物美价廉的境界，多数消费者的选择也没有什么特别大的差异。

- 服务经济时代

服务经济，不是指利用微笑式、温情式的服务赢得用户满意度，而是把服务当成企业利润的根基。比如，卖服务送硬件，服务就是公司的利润来源。将来，可能会有越来越多的企业，会朝着这个方向发展。服务经济和体验经济都属于个性化消费阶段，也是小众化消费发展到一定程度的产物，属于从小众市场分化出来的个性市场。

服务经济时代意味着小众化消费阶段，消费者不但要求价格低、质量高，还要求产品别具一格，能凸显个性。此时，企业要从服务大众转向服务小众，谁能够准确把握小众化市场的需求，制定出相应的战略，研发出相应的产品和服务，谁就是赢家。

- 体验经济时代

企业要提供给消费者的是全过程的体验、感觉和印象，按照这一思路来设计产品和服务，通过不同的服务和体验来凸显差异化。现今，不少企业已经走在了这条道路上，效果也很好。

不少连锁企业已经意识到，原来那种物美价廉的模式，现在已经无法打动消费者，明明产品质量挺好，价格也不高，却卖不出去了，为什么会这样呢？原因就是，现在已经不是大众化消费的时代了，而是小众化消费，用户变了，他们的消费心理和消费行为也变了。用户是决定市场的根本因素，用户的口味变了，企业的产品战略、生产战略还停留在过去的时段，大方向本就错了，再批量生产，无异于一场南辕北辙的博弈。对企业来说，想要提高效率，向市场靠近，必须明晰一件事：现阶段，谁才是你的用户？

如果在十年前，谈论小众化市场是没什么意义的，可现阶段却不同了。在过去的十年中，中国的中产阶层突飞猛进，该群体的总量已经达到欧洲最大的发达国家水平，消费能力不可小觑。

中产阶层的消费心理、消费模式，与商品经济时代只追求温饱的消费者截然不同：

- 不会轻易听信过度的推销和宣传，有自己的理性判断。

他们不介意跟别人走不一样的道路，做不一样的选择，也不会跟风式地购买某种商品，能够彰显个人品位的东西，反倒更受他们青睐。

- 对产品价值的重视程度，胜过对产品价格的关注。

不是特别在意产品的价格，但十分看重产品的价值。这个产品的品质如何？服务好不好？能给自己带来什么样的体验？这才是他们衡量产品价值的标准。

- 十分注重品位，讲究内外和谐。

所谓品位，不仅仅是穿着考究，更重要的是与环境和谐。浑身上下穿戴着奢侈品牌却在公共场合大声喧哗，这绝不是有品位的象征。不是说收入低就没有资格消费，而是无论消费什么都会搭配得很和谐。

对于这样的消费群体，靠物美价廉肯定是行不通的，差异化的产品、良好的消费体验，才是有效的出路。我们要对顾客的购买行为进行分析，要根据他们的喜好来提供相应的商品。无论是线上平台，还是线下的实体店，最终都要归于“出于人，为了人”的宗旨。今天所有的创新，只为一个目标：不断满足客户的需求，不断根据客户的需求而改变。

李宁：跟上用户群体的变化

> 勇于面对千疮百孔残缺的自己，认识到“母丑”，并能用心注入。充满荣耀与骄傲地持续变革与身先士卒，才可以成为真正的强者。
>
> ——逸马“万利连锁”

李宁公司是家喻户晓的“体操王子”李宁先生在1990年创立的体育用品公司。从成立初期率先在全国建立特许专卖营销体系，到持续多年赞助中国体育代表团参加国内外各种赛事；从成为国内第一家实施ERP的体育用品企业，到不断进行品牌定位的调整，再到2004年6月在香港交易所挂牌上市，李宁经历了中国民族品牌的发展与繁荣。

在互联网化转型浪潮的推动下，身为传统企业的李宁自然也要跟随形势而变。可惜的是，它最初采取的一系列转型措施，都以失败告终。连续三年，李宁公司都处于亏损的状态，而在2014年它的亏损额高达7.8亿元。

2010年6月，李宁公司成立20周年之际，当时的李宁正准备进军欧美市场，把目标用户锁定为年轻的消费群体，并把用了多年的品牌口号和Logo进行了调整。

然而，这样的改变，并没有让李宁公司赢得目标群体的心，反倒是把以前的消费群体也给弄丢了。它这一步走得太急，步子迈得太大了，以至于渠道和库存都出了问题。一场巨大的危机，降临到李宁公司头上。2013 年年底，李宁的存货金额是 9.42 亿元，到了 2014 年 6 月，存货金额就增长到了 10.89 亿元。

在这样的处境下，原地踏步肯定是死路一条，唯一的选择就是再创新，寻找出路。

2015 年，创始人李宁开始尝试在“互联网 + 运动生活体验”上下功夫，比如与小米合作推出智能跑鞋，开启线上线下的全新 O2O 模式，新的“数字化”经营方式等。李宁用了多年的口号“一切皆有可能”，也开始重新启用。

功夫不负有心人。2016 年，一条新闻打破了人们对李宁的怀疑——“李宁拯救李宁，亏损三年终于扭亏为盈。”

李宁公司的经历，化作了一面镜子，让不少连锁企业看清了一个真相：面对用户群体之变，企业也要做出调整和变化，而转变的宗旨就是“以用户为中心”。既然用户在不断地更新迭代，企业的脚步一定也要跟上，甚至是超越用户群体的变化速度。

从“卖货思维”到“用户思维”

客户变成用户；

几次性服务变成终身服务。

——逸马“万利连锁”

怎样才能做到尽量准确地发现客户的需求，满足客户的需求呢？

要抓住和满足客户的需求，就要跳出客户思维，站在用户思维的角度去思考问题。

客户与用户，看起来很相像，其实两者并不是一回事。用户是产品的最终使用者，企业与客户的关系是基于交易，可用户却不一定是产品的购买者；用户关心的是使用价值，而客户更在意的是价格。如果以客户为导向，那么营销策略就是奏效的；如果以用户为导向，重要的就不是销售产品，而是销售用户体验。

过去的数十年，我们经常会听到“客户就是上帝”的口号，为什么要这样说呢？

依照传统的企业管理和市场营销理论，创新和销售是企业最重要的两项任务，而创新的目的是更好地销售。所以，很多企业就把核心战略和终极目标落在了“销售”上。我们说了，以客户为导向的话，营销策略就是有效的。为了完成销售业绩，企业就费尽心思地“讨好”客户，不管对错，只要客户埋单就算大功告成。

然而，“客户就是上帝”这句话的本意，真是让我们这样做吗？很显然，是传统企业的理解出现了偏差。这句话真正提倡的是为客户做好服务，提高客户的体验，而不是把客户当成上帝一样供起来。

谁都知道，低声下气地讨好别人是不舒服的，可是为了盈利，许多企业还是会倾向于营造这种不平等的关系。结果可想而知，企业一步步地掉进了沼泽地：见钱眼开、唯利是图、夸张描述、欺瞒事实……企业不尊重客户，没有替客户的利益着想，甚至欺骗客户，彻底辜负了客户的信任，多半成交都变成了“一锤子买卖”，没有回头客。

简单来说，客户思维的核心是卖产品，而用户思维的核心是用户体验。

那么，用户体验是不是互联网时代诞生的新概念呢？

其实不然。早在20世纪70年代，未来学家阿尔文·托夫勒就在《未来的冲击》一书中提出了体验经济的概念。1999年，体验营销大师伯恩德·H. 施密特构建了用户体验的基础理论框架，他将用户体验分为五种不同的类型：感官体验、情感体验、思维体验、行动体验、关系体验。这就是说，体验不仅摸得着、看得见，还有情感和思维的共鸣。

纵观传统行业和互联网行业，我们会发现，用户的体验都涵盖在这五个方面之中。互联网企业把用户思维当成一张主打牌，但这并不意味着传统企业就不重视用户体验，宜家家居、海底捞这些连锁企业，都因客户体验而出名，但那时还没有互联网思维，可它们坚持最基本的商业原则，秉持诚实经营的精神，提供优质的服务。

大家应该能够愈发明显地感受到，在互联网时代的商业世界里，用户才是真正的主角，商家、企业和消费者之间是一种自由、平等的关系，不存在谁讨好谁、谁附着谁的问题，完全是因为产品的魅力而相互吸引，因真诚而相互交流，因信任而结成商业社群。

孩子王：以用户经营为考核

集众智方可集大成；

胸怀天下方可成天下高峰。

——逸马“万利连锁”

在母婴商品零售行业中，“孩子王”算得上是领军品牌了，专门为准妈妈以及 0~14 岁的孩子提供一站式成长服务。孩子王围绕“新育儿 +”的核心理念，创造了一个开放的、平台化的资源共享模式。

孩子王的第一家门店是在 2009 年诞生的，截至 2019 年 6 月，孩子王在全国 19 个省（自治区、直辖市），126 个城市范围内拥有 284 家大型全数字化实体门店，单店面积平均 5000 平方米，门店商品种类突破 20000 件。2018 年，孩子王销售规模突破 100 亿元，且服务收入占比已经达到毛利的 40%。

在“新物种爆炸，吴声场景课堂 2017”年度大会上，场景实验室联合《哈佛商业评论》、吴晓波频道发布了新物种榜单 2017 上半年新零售 TOP10，孩子王位列小米之家和超级物种之后，荣获第三名。

作为新零售时代的连锁代表企业之一，孩子王不仅仅是一站式孕婴童零售商和服务商，更是线下超级儿童社区、亲子互动社交平台，以及各类育儿服务的提供者。孩子王的单店，年均有 1000 场亲子互动，它宣扬的理念和价值是：把互动情感给父母，互动社交给孩子。通过运用互联网和大数据技术，孩子王对线下门店进行升级，把线上精准营销和线下互动体验结合起来，为每一个用户提供一个工程师和一个育儿顾问。

孩子王的线下店铺，有 95% 的流量来自会员，另外 5% 来自散客，用户的会员转化率高达 76%，会员复购率在 80% 以上，其中有一半的会员能够达到平均 2 个月购买 3 次的频率。很多人好奇：为什么孩子王的线下门店能有这样好的业绩？为什么孩子王的会员复购率能够达到 80% 以上？究其原因，离不开用户思维。

孩子王的考核指标不是销售额，而是用户经营，即以会员数量、互动活动频率和活动次数为主要指标来进行考核。在员工的配置上，互联网人才在总部的占比是 58%，一线的销售人员不是普通的导购，而是专业化的服务人员，这样能够为用户提供高品质的服务。正是这种对用户思维的严格落地，才让孩子王有了今天的用户黏性。

通过孩子王门店 95% 的流量来自会员这一数据，我们能够看出，孩子王很重视营销。它通过线上内容与线下活动的结合，深度经营用户关系，在其他零售行业纷纷追求规模的情况下，它追求的是与精准客户的深度连接；当别人通过大规模广告拉流量时，它把预算放在了经营精准用户上，这就是从流量思维转化为用户思维的体现。

孩子王很重视用户的体验，它利用门店做到每个月都有主题，每周都有活动。

通过洞察需求，提供满足用户需求的服务，让他们把时间留在孩子王，继而了解孩子王的产品，让门店成为新家庭室内活动中心、儿童线下互动超级社区，这些都能够有效地提升用户连接和黏性。

孩子王一方面用心经营用户，另一方面也在不断创新。2017 年 9 月 28 日，孩子王在苏州龙湖时代天街推出了第六代 G6 智慧门店，这家店是孩子王践行新零售的一次全新尝试。G6 智慧门店主打四个核心：

- 关系核心——以情感连接为依托经营客户关系；
- 内容核心——以育儿顾问为核心生产生态内容；
- 场景核心——以全渠道为背景构建全场景；
- 数字核心——以有温度的大数据为导向组建智能化系统。

可以看出，这四个核心恰恰是新零售的四个要素。具体来说，孩子王的 G6 智慧门店，减少了产品展示的空间，增加了亲子互动的空间，提升亲子娱乐的体验；孩子王还推出专属和定制商品 3000 种，以稳定客户关系，提升客户黏性与忠诚度。同时，它还利用会员数据积累和数据库存，深入挖掘新家庭的育儿需求，挑选用户潜在需求的或是青睐的品牌，实现了产品从宽泛到精准的转变。

为了更好地为用户提供服务，孩子王的 G6 智慧门店实行线上线下一体化“7×24”小时随时随地无边界服务。家长可以不受时间和地点的约束，通过实名育儿顾问享受点对点的育儿服务。这种线上线下的深度融合，让用户随时随地享受无差别服务，在店内游乐时，随手可以拿起一个玩具扫码，然后带回家；如果想在家里购买某些产品，直接扫描产品袋上的商品条码，门店收到后便会配送到家。

孩子王在新零售时代所采取的一系列升级措施，都是本着更好地服务于用户，提升用户的消费体验。特别是G6智慧门店的开启，更是为母婴线下连锁门店在新零售趋势下转型发展提供了借鉴。

跳出来，重新定义好产品

真诚面对自己；

坦诚面对客户。

——逸马“万利连锁”

在互联网时代，商业交易中的信息不对称被打破了，买卖双方之间的权力格局也被改写了，从交易场所到传播环境，再到买卖关系，一切都跟从前不一样了。面对突如其来的变化，许多连锁企业都显得很迷茫，似乎有点不知所措。可正如我们前面所言，眼花缭乱的事物本质上并没有那么神秘和复杂，有一些规律性的东西是没有改变的。

当消费者可以通过网络搜索轻易地戳穿一些虚假的内容时，传统广告就失效了。这是因为产品和消费者之间的沟通方式改变了。过去那种利用媒体高空轰炸、强制灌输的模式已经行不通了，现在需要的是通过社交的方式，通过互动和参与感来赢得消费者对产品的认同。从这一点上来讲，消费者的心智规律并没有改变。

互联网把交易从线下的实体空间转移到了线上的空间，这使得交易双方的地位发生了转变。过去，都是商家等着顾客上门；现在，却是商家要想办法吸引消费者的注意，所以不少连锁经营者感觉生意越来越难做。但无论怎么变化，有一点始终没有变，那就是营销的任务：发现并满足消费者的需求！抓住了这一点，就不会迷失方向；努力把这一点做到最好，自然就有了竞争力。

当连锁企业做到了诚信，并抓住了消费者的需求，接下来要拼的自然就是产品了。过去，产品的好坏是企业说了算，在产品的宣传中会强调先进的技术，这是典型的技术思维；现在，产品的好坏是消费者说了算，他们关注的不是企业用了什么技术，而是用起来的感觉好不好，这是用户思维。诺基亚就是技术思维的代表，而苹果则是用户思维的代表。从技术实力上讲，初始的苹果手机可能拼不过诺基亚，可消费者最终还是选择了苹果。

这一切都在警醒连锁企业：无论在什么时代，产品永远为王，只是好产品的评判标准不同以往了，好产品需要重新定义。至此，我们就要提出一个问题：如何才能打造出让用户青睐的产品呢？

- 做好精确的定位，适用于所有人的产品未必好

在研发设计一款产品时，是不是它的外观越精美、功能越全面，就意味着产品越好？

其实不然。这就好比，一个人的时间和精力有限，如果惦记着做很多事，往往哪一件事都做不好，只能浅尝辄止。相反，只把精力专注于一个领域、一件事，往往更容易出成绩。设计产品也一样，在资源有限的情况下，不能想着大而全，而是要专注某一部分的功能，把它们做到极致，让用户满意为好。

营销大师菲利普·科特勒在《市场营销原理》中谈到，一个产品包含着五个方面的特性：质量、特色、设计、品牌名称、包装，同时还要为用户提供多项附加服务。面对这些因素，产品的研发设计者要如何作出选择和取舍呢？

看似很复杂，但万变不离其宗，最重要的取舍点就是——产品定位：你的产品针对什么样的客户群体？你想在哪些方面体现产品的定位？如果产品的定位不准确，就算产品做得再好也无济于事。因为大方向搞错了，越是极致反而越让产品偏离市场，远离用户需求。换而言之，极致的产品未必适用于所有人，适用于所有人的产品未必是极致的，择优求精即可，不必面面俱到。

有人说："当你给自己的人生定义了一个标准之后，总有些事情或观念会阻碍你，这时你应该学会说不。"其实，产品的定位也是一样，定位中的选择，不

是选择可能，而是选择放弃。只有聚焦于点，才能更好地挖掘潜能，实现突破。

- 不拘泥于单品爆款，但要有专注的做事精神

黎万强在《参与感》一书中说道："产品规划阶段要有魄力只做一个，要做就要做到这个品类的市场第一。"不能否认，互联网时代诞生了不少凭借一个产品获得成功的案例，专注单品能够把有限的资源聚集起来，也比较容易把一个产品做到极致。问题是，如果产品的方向从一开始就错了呢？结果必是满盘皆输。

菲利普·科特勒在《营销管理》中提到过"产品线"的概念："同一产品种类中一组密切相关的产品，它们具有类似的功能，相同的目标用户，相同的销售网点和渠道，或者在一定的价格范围内。"现实中这样的例子有很多，比如可口可乐公司旗下有汽水、茶饮料、果汁饮料等多条产品线，每条产品线下有数个产品品牌。

选择产品线策略的好处在于，它比单品的极致更加安全，在企业资源充足的情况下，越多的产品布局就越容易抓住更多的机遇和用户。另外，这样的做法也能够遏制竞争对手在某细分市场的产品发展，或是对其产品策略进行干扰。最后，产品线中的产品有类似的功能，更有利于控制成本，适合规模化、平台化的生产。

- 重视产品的生命周期，依据不同阶段的特点调整策略

产品管理中有一个经典理论，叫作生命周期理论。这是美国哈佛大学教授雷蒙德·弗浓在其文章《产品周期中的国际投资与国际贸易》中首次提出的，他认为：产品和人的生命一样，都要历经四个阶段——引入、成长、成熟和衰退。要把产品做到极致，一定不能忽略产品在不同阶段的特点，要结合特点来调整市场策略。

一款产品刚刚上市时，对用户而言还比较陌生，此时最重要的是把产品的品质和功能做好。市场中总会有一些愿意尝试新事物的人，当他们认可了产品的品质，就等于塑造了好口碑，必然会吸引更多的消费者。新产品刚进入市场，知名

度肯定不高，此时广告宣传就显得格外重要了。营销界有一个说法，一个产品要让消费者认识，只需要 18 天的时间，这 18 天是一个产品进入市场的关键。

当产品渡过引入期后，就会进入成长期。这个阶段的特点是，需求增长强烈，销售额迅速上升，规模化的生产使得产品成本降低、利润升高，而竞争也会逐渐加剧。这是产品生命周期的“黄金阶段”，要持续改进产品品质，大力宣传品牌形象，拓展销售渠道，但切记不要过分追求利润，否则很难做大。

当产品达到某一个时点，销量的增速就会放慢，产品进入一个相对成熟的阶段。在这个阶段，需求近乎饱和，竞争愈发激烈，产品同质化严重，消费者也可能出现审美疲劳。此时，不能再一味地追求极致，而是要根据市场适时地进行调整。至于如何调整，企业可借鉴科特勒在《营销管理》中提到的三条建议：

- 采用新的方法吸引更多的用户，或是提高用户的使用率，继而提升整体销量。
- 在产品上进行改良，如增加新的尺寸、重量，或是生产新的配件，提供新的服务等，来拓展产品功能与性能，吸引用户的眼球。
- 通过改变价格、渠道和广告形式，刺激销量。

产品衰退的原因很多，可能是市场趋势导致的，也可能是企业或产品本身的问题导致的。这个阶段，产品的销量和利润都会下降，产品无法适应市场的需求，市场已经有性能更好、价格更低的产品满足消费者的需求。此时，企业如果仍然一味地强调极致，大手笔地投入经费，容易造成资源的浪费，且收效甚微。所以，与其做无用功，不如另起炉灶，重新开始。

- **从产品的外延切入，发展“产品 +”的路线**

上述介绍的思路是从产品本身与消费者需求直接结合，如果连锁企业发现这条路不太好走，也可以先放下产品，选择从产品的外延切入，主动做“产品 +”。

暂时先忘掉自己的产品，致力于开发消费者的售前、售中、售后的极致服务。举个例子，我们都知道，海底捞经营火锅生意，但它却提供了美甲的服务，而且是免费的，这就是产品 + 附加服务的一种形式。

比如，一家经营床垫生意的连锁企业，致力于健康睡眠领域，可以在发展的过程中结合新技术，用智能化为产品增值，满足用户需求。床垫中可以植入芯片，记录用户每天的睡眠情况，包括睡眠质量、心电图、呼吸状况等，整理之后传到云笔记，之后，再整合医疗资源，为用户提供医疗服务。

第十三课：卖什么都不如卖体验

从“卖东西”到“卖体验”的变革

专业只会让客户认同，

敬业才会让客户尊重。

——逸马“万利连锁”

对于大多数企业来说，产品的同质化几乎是不可避免的。在如今的市场环境下，想要“复制”一款产品，实在太容易了。过去，一些百年老店可以把自己的“独创秘方”拿在手里几十年，始终保持自身产品的独特性。但是如今，破解“独创秘方”并不难，且“独创”的门槛和代价也越来越高。所以，企业想要用产品的差异化作为自己的核心竞争力，恐怕是很难如愿。

举个简单的例子。几十年前，可口可乐将自己的“配方”视为最高机密。

据传，从20世纪20年代开始，可口可乐的保密配方就一直被紧锁在亚特兰大的某家银行之中，可口可乐公司用最高级别的安保措施来防止配方泄露。到了

1986 年，可口可乐公司决定将保密配方作为卖点宣传，于是公司将配方转移至可口可乐公司在亚特兰大的博物馆中，博物馆的安保非常到位。

和电影中看到的一样，这里也配有掌纹识别系统门禁，有无数密码门禁，还有厚重的钢铁大门守护。可口可乐公司对外一直宣称，只有两位公司的高级管理人员知道配方的秘密，但是他们却始终没有公布这两个人的名字。而且，可口可乐还在广告中提到——知晓配方的这两个人绝不能搭乘同一架飞机旅行。

其实，在这个时候，所谓的保密配方，最大的意义就是成为可口可乐公司的一个营销噱头。近年来，可口可乐公司已经很少提及“绝密配方”的事情了，他们知道，在科技如此发达的今天，想要破解一种饮料的配方并不是一件特别困难的事。那些大的饮料企业，也能够生产出和可口可乐类似的产品。

然而，为什么那些饮料公司不这样做呢？为什么可口可乐依然是世界上最畅销的饮料呢？原因很简单——有形的商品是可以完美复制的，但无形的体验往往是独一无二、难以再现的。对于可口可乐的消费者而言，可口可乐给他们的体验是什么？是无处不在的便捷，是延续了上百年的消费习惯，是沉淀已久的正宗可乐文化。这些都是可口可乐在为消费者提供产品的同时，所附带的“体验附加值”。其他企业或许可以给消费者提供相似的产品，但无法给予消费者他们希望得到的体验。所以，虽然可口可乐的配方已经不再是秘密，但它在饮料界中的位置，却不会轻易被动摇。

我们的连锁企业，一定要认识到体验的重要性。环顾世界上成功的连锁企业，几乎都在用自己的成功经验诠释着同一个道理——卖什么都不如卖体验。

关于体验，我们要明白的第一个道理是——如今的市场上，几乎不存在消费者必需的特定产品，只存在消费者必需的特定体验。比如，手机是消费者必需的产品，但某种特定品牌的手机产品是消费者必需的吗？肯定不是。手机市场上的品牌太多了，甲、乙、丙、丁任由选择。单从产品上来讲，消费者选择任何一款手机，都能满足基本的通信需求。

但是，不少消费者在选择手机的时候，往往会产生“非甲不可”或“非乙不可”的状况，为什么呢？就是因为它给予消费者难以轻易获得的、独一无二的消费体验，这才是他们“忠实”于某个品牌的真正原因，产品不过是体验的载体。

海底捞火锅，如果单单从产品的角度而言，其实并无太大优势。市场上能做到与海底捞火锅口味相差无几的火锅店，绝对不在少数。可为什么海底捞在产品并无太大优势的前提下，能够异军突起，成为国内数一数二的知名火锅连锁企业？它靠的就是体验。

在其他火锅店还在千方百计改良口味、寻找新配方的时候，海底捞另辟蹊径，以体贴周到的服务、细致入微的关怀作为自身卖点，为消费者营造了一种前所未有的消费者体验，因而占领了市场高地。

诺德斯特龙（Nordstrom），一家创立于1901年的服装连锁店，他们为男士提供了特别的穿搭定制服务——消费者只需每年支付一笔固定的服务费，就可以享受到几套完整的定制方案，包括衬衣、西服、鞋子、配饰、帽子等的搭配。

那么，这家服装连锁店卖的是什么呢？从表面上看，是做服饰生意的，可本质上它的“特色商品”是“穿搭顾问服务”。正因为它解决了高端商务男士穿着体验的问题，所以获得了高端消费人群的青睐，一步步发展壮大。

我们常说，一定要想方设法地提高“产品的附加值”。这句话本没有错，但错就错在，很多听信了这句话的人，眼睛紧紧地盯在了“产品”二字上。殊不知，所谓的“附加值”不是在产品上凭空产生的，而是在体验中得来的。没有附加的体验，何来附加值？

有些商家经常冒出这样的疑问：为什么同样的产品，别人卖得那么贵，消费者依然接踵而来；我卖得便宜，销量却一直上不去？由此，甚至开始怀疑消费者的理性程度，发出类似于“踏踏实实做产品没活路”之类的感慨。

坦白说，不是踏踏实实做产品没有活路，而是只会做产品却不懂提升消费体验的思路，在如今的市场已经没活路了。要知道，“性价比为王”的消费时代，已经渐行渐远了。

怎样打造极致的用户体验

越靠近客户，

越靠近真相。

——逸马“万利连锁”

几十年前，产品摆在柜台里，柜台后站着一位表情不怎么丰富、态度不怎么热情的售货员，可产品依然不愁卖。在商品类型相对单一的卖方市场，以商品本身作为卖点，就已经足够了。

现在，情况已截然不同。即便是同类商品，也有诸多选择，卖方市场早已转变为买方市场。消费者在进行消费活动时，不但要获得更好的商品，还希望获得最佳的购买体验。面对这样的趋势，连锁企业必须认识到，只有将有形的商品与极致的体验结合到一起，才能打造出受市场认可的产品。

很多连锁企业在初创阶段都会考虑一个问题，那就是差异化竞争。但奇怪的是，他们往往只考虑商品的差异化，却忽视了体验的差异化，一门心思地思考如何推出“与众不同”的商品，却忽视了营造极致体验的重要性。

其实，很多普通消费者对此也会有所感受。走进一家连锁店面，看到其中的商品确实都很特别，也确实能够勾起一些购买的欲望。可在购买欲望刚刚被勾起来的时候，却发现店面布置得混乱无序，产品介绍语焉不详，更重要的是服务员追着向自己推介爆款……不合格的消费体验就如同一盆冷水，一下子浇灭了消费者的购买欲望。于是，就望而却步了。

相反，很多连锁企业所出售的商品本身其实并不能做到技压群雄、艳盖群芳，但是通过营造极致的消费体验，却获得了成功。诚品书店就是一个典型的例子。

诚品书店创立于1989年，后来逐渐成为台湾地区最受人欢迎的书店。2015年，诚品书店在苏州正式营业，并迅速获得了读者的青睐。

“书”作为一种商品，其产品差异化非常小，不同书店所售卖的同款图书，大多数都是同一家出版社、同一个印刷厂用相同的生产流程制作出来的。诚品书店之所以能够在图书市场开创一片新的天地，靠的就是“阅读体验”的升华。

诚品书店为热爱图书的读者创造了一个沉浸在阅读乐趣中的完美空间。15度倾斜的书架，让读者取阅图书变得更容易；店内装修多采用木质材料，营造出了一种原生态的安宁感；空间巨大的阅读区域，让读者彼此之间互不干扰，享受美好的“独处”时光。

阅读体验提升了，读者自然愿意在此多待一段时间。实际上，任何一个企业，如果它拥有“偷走”消费者时间的能力，那它自然就可以让消费者心甘情愿地为之停留，为之付费。互联网时代，在消费领域，没有什么东西比消费者的时间更珍贵。

从差异化竞争的角度来考量，诚品书店在本质上并不是一家书店，而是一家阅读体验店。他们靠售卖图书盈利，但他们最重要的、最特别的产品不是图书，而是体验。这也给了广大连锁企业一个启示——商品可以帮你盈利，但吸引客户依靠的不仅仅是商品，还应该加上极致的体验。

为什么在体验前面，还要加上“极致”二字呢？这是因为，体验本身也是有成本的，是需要消费者付费的。只有把体验做到极致，才能让消费者真真切切地感觉到，他们的钱花在了该花的地方，花得值！

那么，该怎样打造极致的体验呢？这里提出三个需要把握的重点：

- 以用户的需求为出发点，给他们需要的体验

你需要了解用户的需求，然后提供给他们所需要的体验，唯有如此，才能让消费者感受到“体验”的优越性和合理性，他们才愿意为你的产品埋单。

说得通俗一点，这就跟挠痒痒相似，挠对地方了，就会感到舒服；挠错地方了，不仅不舒服，还会感觉疼。错的体验就如同挠痒痒挠错了地方，你越是用力，消费者越不舒服。

所以说，良好的体验是建立在用户需求的基础之上。但想要真正地了解顾客需求，并不是容易之事。有些需求是表层的，是顾客自己知道的，他们能够直截了当地提出来，而商家也很容易对他们这部分需求给予满足。但是，有些深层次的需求，顾客自己都不清楚，你没有满足他的时候，他意识不到自己有这部分需求。

那么，问题就来了。如果你没有满足顾客的潜在需求，而其他竞争对手却满足了，顾客必然就会被竞争对手吸引走。就像诚品书店，以往那么多书店都是采用相同的服务模式，顾客也没觉得有什么不对，因为他们已经习惯了，认为书店就该如此。可当诚品书店问世后，顾客的深层次需求被满足了，他们突然意识到，原来书店还可以这样享受。

对企业来说，挖掘顾客的深层次需求，需要对自身行业、目标客户有敏锐的观察和深刻的认识，这是要通过不断地摸索和总结，才能达成的境界。

- 营造极致的体验，离不开合理的互动

极致体验的互动，不仅仅是人与人的互动，也包括环境与人、商品与人的深层次互动。

有些商家为了增强互动，给自己的员工制定出了一整套“互动标准”，诸如“主动询问”“微笑服务”等。这只是强调了人与人的互动。其实，在很多情况下，环境与人的互动，商品与人的互动，比人与人的互动更重要。

走进星巴克，服务员不会特别主动地与顾客互动。可是，多数进入星巴克的顾客，都会在里面驻足不短的时间。为什么呢？因为星巴克给顾客营造了一个除了家庭、工作场所以外的“第三空间”。在这个空间里，顾客可以放空自己，去思考、去冥想，这就是环境与人的互动。经常有顾客在星巴克一待就是大半天，期间没有任何人会打扰他。试想一下，如果在这期间，店员为了增强互动，不断地与顾客搭讪，顾客还能待得住吗？

现在有很多的连锁儿童陶艺馆，大人带着孩子去陶艺馆制作陶器。把顾客自己制作的陶器出售给顾客，就是它们的盈利方式，这就是一种商品与人的互动。当顾客为你的商品投入时间和精力之后，人与物之间的互动就形成了，这时候购买行为也就自然而然产生了。

所以，我们的连锁企业在提升互动体验时，不仅要考虑到人与人的互动，更要根据自身的行业特点、实际情况，将环境与人的互动、商品与人的互动慎重地考虑在内。

- 营造极致的体验，一定要做到有头有尾

作为连锁企业，我们对消费过程的认识一定要全面，消费前的体验、消费中的体验、消费后的体验都要力求做到极致。现实中，不少商家很重视消费前和消费中的体验，可对消费后的体验并不用心。我们应该认识到，连锁企业做的不是“一锤子买卖”，我们需要回头客，需要免费的口碑传播者，而想要获得这一切，一定要把消费后的体验做到极致。就像销售大师乔·吉拉德所说：“真正的销售，是在成交之后才开始的。”

总而言之，极致的用户体验，意味着竞争的差异化，意味着附加值的合理性，意味着极致产品的横空出世。打造极致的用户体验，就是在打造企业的未来。

个性化定制里隐藏的心理密码

我们大部分时间都是在重复别人的故事，

只是我们一直认为这是自己的独特而已。

——逸马“万利连锁”

谈到个性化定制，我想先跟大家分享一则笑话。

有个小学生因调皮捣蛋被叫家长。小学生害怕家长惩罚自己，就花了50元钱请了一位出租车司机，来冒充自己的家长，成功地蒙混过关了。后来，小学生与这位出租车司机展开了长期服务，只要学校叫家长，他就请这位出租车司机冒充。

出租车司机在长期的“业务实践”中，掌握了冒充家长的诀窍。然后，他就扩展了自己的“业务范围”，开始给其他小朋友冒充家长。结果，没过多长时间就被校方识破，出租车司机冒充家长的这项业务也走到了尽头。

虽然只是一则笑话，但里面却包含了关于“定制化”与“标准化”的思辨。

消费者总是希望商家提供给自己的服务是“定制化”的，而大部分商家，最初也比较愿意为消费者提供定制化、个性化的服务。可是，当有了几个成功的案例之后，商家就会想着把“定制产品”转化为“标准产品”，以获得更大的市场。殊不知，从定制化彻底转向标准化之时，也就是核心竞争力丧失之日。

我们说过，给用户提供极致的体验，是打造企业竞争力的关键。极致的体验走到最后，一定是要踏上个性化、定制化的道路。这也恰恰是新零售未来的走向之一。新零售的倡导者马云表示：“过去二三十年，制造讲究规模化、标准化；未来三十年，制造讲究智慧化、个性化和定制化。如果不从个性化和定制化着手，任何制造行业一定会被摧毁……所有的制造行业，由于零售行业发生变化，原来的 B2C 的制造模式将会彻底走向 C2B 的改造，也就是说按需定制。”

在当前的市场环境下，寻找个性化、定制化服务是连锁企业的一项重要任务，而遏制由定制化向标准化的“滑坡”，是传统连锁企业所面临的一个挑战。定制化、个性化的产品，所指向的最重要的目标，其实不是客户的物质需求，而是他们的“心理需求”。

今天，消费者的基础需求大多已得到满足，他们更需要的是“尊重以及自我实现”。个性化的定制服务，就是体现商家对消费者的尊重以及消费者达成自我实现的一种方式。提供个性化、定制化的服务，可以让消费者根据自身独特的喜好来展示自己，彰显个人品位。而在情感层面，满足感可以带给他们愉悦的消费体验，进而提升他们的消费欲望。

当然，想要了解每一个消费者真正需要的个性化需求并不容易。而随着互联网技术的创新、大数据的应用、智能制造的发展，使得这一愿望成为可能。

瑞幸咖啡为了解用户的个性化需求，借助大数据为其基本客户群体做了简单的“画像”。

瑞幸咖啡的用户中，有 46.6% 年龄在 25 岁及以下，26~36 岁用户占 45.3%，36 岁及以上用户占比仅为 8.1%。男性客户占 48.5%，女性客户占 51.5%。45.61% 的瑞幸咖啡用户来自一线城市，43.37% 的客户来自“新一线”。上海和北京的瑞幸咖啡用户占比分别为 17% 和 15.91%，显著高于其他城市。有了这样的“画像”，瑞幸咖啡就十分精准地定位了自己的客户群体，从而在更大范围内实现了定制化的服务，增强了客户体验。

实际上，这仅仅是根据一些容易获得的、公开的数据所做出的基础分析。作为商家，我们还可以通过其他渠道来获得更加细致、更加全面的数据，描绘出更加生动入微的客户“画像”，进一步提升他们的消费体验。

街头茶饮料这门生意，在我国发展了多年。当人们都以为该行业已经度过了蓝海期、洗牌期，进入了平稳发展期时，喜茶横空出世，将原本如同死水一般平静的茶饮料行业搅动得天翻地覆。

喜茶之所以有如此能量，得益于该企业通过营造极致体验，在年轻人中引发了自发性、爆炸性的传播效应。以往，很多街头茶饮店陷入“以量取胜”的怪圈，在打出一些名头之后，便迫不及待地迅速引入加盟商制度。结果，规模虽然在短时间内扩张开来，但由于加盟店实力、理念各有优劣，导致产品的质量和客户的体验急剧下降。

连锁品牌是一个整体，消费者在你的某家分店有了不好的购物体验之后，就会对整个品牌产生不信任感和抵触情绪，“一粒老鼠屎坏了一锅汤”的现象，在连锁企业中比比皆是。然而，喜茶通过直营店的方式，使得所有店面都能针对自己特定的目标消费群，提供非常个性化的服务和商品，极大地增强了客户的购物体验，也维护了整体的品牌形象。

在产品研发上，喜茶会根据客户的需求，不断研发出新的产品。在直营店体系中，新产品会马上入驻所有分店，让不同区域的客户，享受到平等、一致的购物体验。

喜茶在消费场景创新上也下足了功夫，正如喜茶的创始人聂云宸所说：“喜茶的产品不仅仅是一杯茶饮，环境和体验也是其重要组成部分。”

在深圳万象天地，喜茶开设了 HEYTEA PINK 主题店，店内大面积地采用粉红色，营造出了极强的少女感。此举使得喜茶一举成为网红饮品，喜茶店也成为当地女生的拍照圣地。此外，喜茶还在不同地区的门店，根据当地人们的喜好，尝试黑金主题、LAB 概念等，不断提升环境与人的互动，也增强了与当地特定消费者的“个性化连接”。

通过一系列行之有效的“体验增强”服务，喜茶成为一个符号，它代表着享受生活、年轻、充满活力、注重生活品质等价值观；而“品牌符号”本身，也构成了客户体验的一部分。很多年轻人在购买到喜茶之后，第一件事就是拍照发朋友圈，希望通过喜茶本身所代表的价值观，来标榜自身、自我宣誓，这种体验，是其他同类产品所不能给的。而发朋友圈这一简单的行为，却成为喜茶最好的广告。

作为商家我们要明白，消费者追求个性化，追求与众不同，其心理基础并不是要通过个性来“自我封闭”。相反，他们更希望通过追求个性、展示个性，来吸引更多志同道合的人围绕在自己身边。如果个性化的体验做到了极致，从小众转变为大众是很容易的。反之，如果无法做到个性体验的极致化，不管在其他地方投入多少努力，都是事倍功半。

当“五感体验”撞上营销理论

要接受别人的尊崇与荣耀，

内心就要经历痛苦与炼狱。

——逸马“万利连锁”

道蕴五行，地生五谷，人有五感。

人们体验一种产品或服务，都是通过视觉、听觉、嗅觉、味觉、触觉这“五感”来进行。为此，美国营销大师马汀·林斯壮将“五感体验”带入营销理论。他认为：极致的消费体验是五感的结合，商家必须通过色彩、声音、气息、味道、质感来勾勒关于自身产品的美好画卷，刺激消费欲望，引发消费行为。

人的眼睛有5.76亿像素；听觉的频率范围在20~20000Hz；指腹的触点最多，触觉最灵敏；人类的嗅觉比较弱，但是也可以闻到5~6米之内的芳香；人类的基本味觉有甜、酸、苦、咸，此外我们还能感受到一些非常复杂的复合型味道，比如鲜。

我们用这五感看星星望月亮，去远方看陌生的风景，遇见陌生的人，当然也用它们去体验我们所希望购买到的任何产品。对商家来说，满足消费者的五感，就等于满足了他们的全部。反之，如果五感中有任何一感让消费者憎恶，都会对消费体验造成破坏性的打击。

一家开在火车道旁的宾馆，不管它装修多豪华，服务多出众，生意也不会太好，因为它的听觉体验实在太差；一道做成僵尸模样的菜品，不管它用料有多讲究、厨师有多大牌，食客也不会愿意吃上一口，因为它的视觉体验过于惊悚；一间散发着异味的咖啡厅，不管它布置得多典雅，产品多上档次，人们也不愿意光顾，因为味觉上受不了。

我们为什么要把五感体验放到一起来说？原因就在于，它其实是一个整体。五种感觉，你可以强调其中的一种或两种，把它做到极致，但在其他几种感觉的体验上，最低也要做到及格线以上。只要有一种感觉给了消费者糟糕的体验，其他所有的努力都会大打折扣。

通常来说，大多数企业在听觉和视觉上都可以做到合格，因为它们都是比较直观的东西，做不到位的话，企业自身的工作人员也接受不了。味觉，则多数是对饮食行业有要求，而饮食行业的企业，自然也会格外重视满足消费者的味觉体验，也不用多说。对所有的连锁企业而言，最应该着重提高的是嗅觉和触觉。

人类的嗅觉可能并不出众，但它对生活影响极大。研究表明，人对气味的感受是由大脑边缘系统进行处理的，这部分大脑是最为原始的，但它也是最情绪化的。因此，嗅觉最善于调动人的情绪。进入一家气味芬芳的店里，人自然而然会产生愉悦的情绪，购物意愿和体验都会得到极大的提升。若是走进一家充满异味的店面，抵触情绪、厌恶情绪也会立刻爆发，这对消费体验来说，是致命的伤害。

实际上，大部分消费者如果在购物场所闻到异味，都会立刻离开。所以，连锁企业一定要注意构建一个和谐、统一的味觉标准，可能不必要求有多“香”，最低不能有“异”。

触觉，恐怕是大多数企业都会忽视的一种感觉。实际上，触觉对于提升消费者的购买意愿也发挥着重要的作用。研究表明，人们对于亲手接触过的产品会更有信心，也更愿意购买。所以，主动让消费者去接触商品是很有必要的。

额外强调一点，触觉也能够影响商品在消费者心目中的定位。人们购买电子产品时，经常会按一按上面的按钮，这时，那些“阻尼感”更好的商品，会给人一种高档感。如果一件商品拿在手里，产生很粗糙的触感，消费者就会认为该商品品质不佳。

除了产品触觉之外，环境的触觉也很重要。现在，很多高档商品的店里都会铺上地毯，或采用木质地板，为什么呢？一项研究表明，柔软的地毯能创造放松的情绪，木制的地板虽然比地毯硬一些，但木质触觉可以让人产生天然无添加的感觉；相比之下，坚硬的瓷砖地板，一则会增加疲劳感，二则坚硬的触觉可能会使消费者更容易发出尖锐的批评。

在五感体验方面，西贝莜面村做得就很深入。

西贝莜面村十分注重“报菜名”，每一次上菜前，服务员都会用清晰的语言，将菜品的名字、特点“报告”给食客。虽说食客可以通过菜单来获取这些信息，可是通过“听觉的语言”来补充“视觉的文字”，会增加食客对菜品的直观认识。

这对于食客来讲，是一种更容易接受的体验。

西贝莜面村会给每一个餐桌上都放上一个小沙漏，食客点餐结束之后，沙漏开始计时，每一个沙漏所代表的时间是 25 分钟。西贝莜面村承诺，25 分钟之内菜一定会上齐。如此一来，相当于把看不见摸不着的“时间”和“承诺”，变成了一个可视化的东西。食客不仅可以通过沙漏来判断上菜的时间，还可以从中体会到一些其他的乐趣。这无疑也是通过提升五感来增强用户体验的一个小窍门。

西贝莜面村有一句广告语——“闭着眼睛点，道道都好吃”。这句话似乎有意“剥夺”了食客在享用美食时的“视觉享受”。但我们可以反过来想，它是不是也在强调两个方面的内容呢？第一，我们的所有菜品在味觉上非常好；第二，我们的菜品在视觉上也足够出色。为了能让食客客观公正地评价“味道”，我们才敢主动让食客闭上眼睛品味菜品。

有人说，“五感”代表了人类对世界的全部认识，人们所有的思考，也都是大脑在用“五感”信息进行组合。这种说法是对是错，我们无从知晓，可对于营造极致的消费体验来讲，“五感”确实囊括了所有的要素。当我们最大限度地满足了消费者的“五感”，就等于给予他们最极致的体验。

平台的本质，即创造更好的客户体验

新技术应用对于企业竞争力的提升是巨大的，

但最根本的逻辑应是如何在终点等大家。

——逸马“万利连锁”

关于平台运营的内容，至此已近尾声，在此简单做一个回顾和总结。

在“万利连锁”的模型中，平台运营是比模式裂变更高一级的连锁，我们

将其称之为“高级连锁”。当企业的产品和服务可以实现模式裂变之后，就意味着市场占有率在进一步扩大，从经营有形资产上升到经营无形资产，即售卖标准化的模式。对企业而言，这无疑是一个巨大的转折，是真正迈进连锁的标志。

企业踏上连锁之路后，并不等于从此踏上了坦途。如果只是单纯地在店内提供产品或服务，俨然无法满足新一代消费者的需求。用户思维要求我们围绕用户的需求去开展一切经营活动。我们必须思考一个问题：怎样才能更好地服务客户，带给客户更好的体验呢？

这时，新技术的应用就发挥了重要的作用，它对企业竞争力的提升是巨大的。所谓新技术，在“万利连锁”模型中，我们将其称之为“一体两翼”。所谓“一体”，就是实体连锁系统；所谓“两翼”，就是“互联网+”和“资本”，合起来就是“连锁+互联网”和“连锁+资本”。实体是生产力，相当于田地；“互联网+”和“资本”是生产工具，相当于以前是用锄头耕地，现在换成了播种机，用更加先进的无形工具去迭代升级。

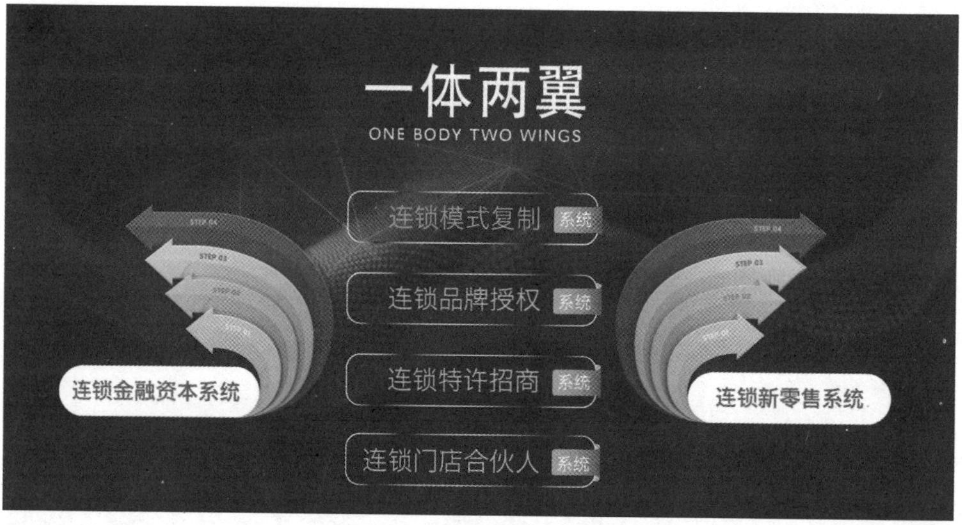

“互联网 +”思维是一个老生常谈的话题，也是现代企业经营必不可少的。在我们的连锁系统里，平台运营体现的就是“互联网 +”思维，即连锁企业要朝着线上线下融合、多业态跨界协同发展、构建社交化场景化模式、重构智能高效供应链体系的方向发展。

为什么要做平台运营呢？原因恰如我们前面强调过的：站在企业的角度，有行业的区分；站在客户的角度，没有行业的分别。客户不会去区分你的企业隶属于餐饮、商超、文娱、酒店等哪一个行业，当他们有了需求的时候，思考的就是——谁能更好地为我提供想要的产品和服务？

在客户看来，所有的行业都是一个行业，都是为客户提供产品与服务的行业。连锁企业就相当于平台中的一个频道，客户需要什么，就随心地选择什么。所以，抢占客户的时间与空间，就成了连锁企业共同的工作。平台的本质就是以客户为中心，为客户提供更好的体验。

要提升企业竞争力，把企业做大做强，靠单打独斗是不行的，还需要借助“资本”的力量实现跳跃性的发展。所谓资本运作，就是利用资本市场，以小变大，以无生有，通过资源整合、企业并购等来实现盈利的经营互动。

对连锁企业而言，能够融到钱自然是好事，但资本的本质是以钱生钱，如果没有利润，就会被资本市场淘汰。怎样才能让资本真正地发挥作用呢？这又要回到我们谈论的核心：以客户为中心，带给客户极致的消费体验。这也提醒着我们，新技术可以帮助企业提升竞争力，但最根本的竞争逻辑是不断满足客户变化的需求，为客户提供更好的产品与服务。

归根结底，谁能带给客户更好的体验，谁就是市场的赢家。连锁企业更是如此，唯有把“根本”的东西做到极致，才能占领用户的心智，占据更大的市场，从而打造出真正优质的连锁品牌。

第五章

品牌生态｜
无本万利，
连锁的终极境界

第十四课：品牌生态，生态无边

连锁是品牌的强大基石

时间是商业的终极战场；

品牌是时间的忠实朋友；

连锁是品牌的强大基石。

——逸马“万利连锁”

在谈品牌之前，我们依然还要回顾一个原始的问题：为什么要做连锁？

答案并不复杂。过去，开一家门店不太难，成本不高，门槛也低，在街头巷尾找一处 10 平方米的小店，依靠着买卖产品就能够生存下去。民间俗语里，也描述过这样的现象：“没有不开张的油盐店。”

可是，现在开一家“油盐店”，情况却没有这么乐观，很有可能它就真的“不开张”。因为各行业的规模都在不断扩张，同质化竞争愈发激烈，令人眼花缭乱的品牌络绎不绝地涌现，整个市场几乎达到饱和状态。在这样的处境下，每一个实体店的经营都变得步履维艰，更何况是以单店模式运营的商家呢！

十分具有代表性的就是美容院了。

据统计，2019 年，全国约有 108 万家美容院，但连锁率不到 5%，市场上还有大量中小型美容院。这些中小型美容院店主不少都是美容师，对顾客有很好的服务能力，却缺乏良好的品牌营销能力。随着互联网的发展，美容市场更加透明，这些单一店铺的生存越来越困难。

单店经营的步履维艰，无疑在提示着我们：单打独斗的时代已经远去，随着时代的发展和社会的进步，单店的力量在激烈的品牌竞争中显得太过渺小，甚至还来不及被人关注和记住，就被市场的浪潮淹没了。

遗憾的是，许多单店经营者尚未意识到这一点，他们还抱着原来的营业理念，认为依靠自己的力量也能在市场中找到立足之地。殊不知，单店经营很难形成稳固的企业品牌，自身的抗风险能力也极低。与此同时，许多单店没有以客户为导向，也没有建立消费者信赖的购物场景，导致客户的忠诚度较低，很难形成持续而长久的盈利来源。更重要的是，单店的经营者品牌意识薄弱，不懂得如何保护自己的品牌，这在一定程度上就给假货提供了生存的空间，导致假冒伪劣产品横行，同质化产品泛滥，破坏了整个市场的有序发展。

21 世纪的企业竞争，一定程度上是企业品牌文化的较量。那些有着强大文化基础支撑的企业之所以获得更多的成功和机会，主要原因是品牌文化起到了推波助澜的作用。

那么，如何才能让企业的品牌更快地融入市场，更好地占领用户心智呢？

大家也关注到，现在的零售行业两极分化趋势愈发明显，一些头部企业日益壮大，零售行业的集中度不断上升，催生了越来越多的“赢家通吃”的企业，比如京东、天猫等，它们在市场上的占有率越来越高。相比之下，市场上的一些小型零售企业，却活得胆战心惊，步履维艰。

美国科学史研究者罗伯特·莫顿把这种赢家通吃的社会现象称之为“马太效应”，即强者越强，弱者越弱；凡是有的，还要加倍给他更多，凡是没有的，连他有的也要夺走。从商业领域来看，它就是指某个行业或产业的产品或服务，品牌知名度越高，品牌的价值越高，忠实的消费者也越多；品牌知名度越小，品牌价值越低，越不容易占领消费者心智。久而久之，自然就演变成弱小的品牌最终被强大的品牌所替代。

马太效应告诉我们，想在某一领域保持优势，就要在这个领域迅速扩大、不断扩大。一旦你成了某个领域的“头部”，就能更轻易地获得比弱小的同行更大的收益。很显然，经营单店是很难形成品牌的，而做连锁才是实现规模快速扩张的首选。

从某种程度上说，最高形态的资本，就是企业品牌的价值。放眼望去，世界500强企业许多都是连锁企业，我们在生活中熟知的、信任的那些品牌，也在做连锁……这告诉我们，品牌化、规模化经营是一个品牌发展的重要命题，而连锁化后的规模更是展现品牌竞争力的核心要素。

单打独斗是很难行得通的，连锁才是品牌做大做强的选择。与此同时，我们也应该明晰，连锁不是品牌规模化的“捷径”，它只是一种工具。成功还是失败，最终取决于如何高效、科学地使用它。

从品牌价值到品牌溢价

单店赢利到复制赢利，
复制赢利到模式裂变，
模式裂变到平台运营，
平台运营到品牌生态。

——逸马“万利连锁”

海尔集团董事局主席、首席执行官张瑞敏说：“我认为所有的资产都应是负债，只有品牌才是真正的资产。你说你现在的厂房、固定资产、生产线都是世界一流的，但你没有品牌。你今天给人家贴牌，明天人家会找到更便宜的，你这就是彻头彻尾的负债。”

当企业从一个相对初级的连锁境界，逐渐地往更高的连锁境界过渡时，它要追求的不仅仅是企业自身的强大优势，还有企业的品牌力。现实摆在眼前：同样的产品，因为品牌不同，产品的售价、消费者的接受度就不同。

日本连锁品牌“无印良品”销售一种干脆面，净含量30克，售价3元。

如果你是一个有心人，就会发现，无印良品的干脆面并不是自己研发制造的，而是属于OEM（代工）产品。那么它的供应商是谁呢？“合肥统一企业有限公司”，没错，这家公司就是统一集团下属的子公司。

作为方便面行业的巨头，统一集团也生产干脆面，旗下有两个品牌——小浣熊和小当家，小浣熊净含量36克，售价1元，小当家净含量26克，售价0.5元。

作为连锁企业的管理者，我们在看到这一现象后，恐怕不会去问：“无印良品的方便面究竟和统一方便面有什么区别？为什么它的价格那么高？”也不会去问：“无印良品方便面的性价比是不是很低？消费者购买此类产品是不是被‘坑’了？”

但是，我们应该追问两个问题——

问题1：统一为什么不生产一款售价3元的干脆面？不管成本是否提高，此类产品的利润率一定要比“小浣熊”“小当家”更高，为什么它不去做？

问题2：无印良品凭什么让行业巨头为自己“打工”？

实际上，这两个问题的答案是同一个——品牌。

品牌是最有价值的无形资产，大部分做企业的人对“品牌”这两个字是又爱又恨。

爱它似灵丹妙药，包治百病，甚至在有些人看来，企业在发展过程中遇到的所有问题，都可以通过塑造品牌来解决；恨它如海市蜃楼，虚无缥缈，知道品牌很重要，想要追求它，却是历经千辛万苦，恰似在捞湖中月影，明明已经触手可及，却始终不能为我所有。

无论是爱是恨，品牌的重要性都毋庸置疑。对于连锁企业来讲，品牌就显得更加重要了：企业自己可以通过很多只无形的手将下属的分支紧密地联系起来，而消费者、顾客却会看到同一种联系，那就是品牌。几十家、几百家甚至上千家门店，用的是一块招牌、一个品牌，消费者看在眼里马上就会意识到："哦，它们是一个整体。"如果没有一个品牌将这么多的分支有效地串联起来，在消费者的认知层面，连锁企业的规模优势、标准优势、可信度优势等长处，就会大打折扣。

更为重要的是，当一个名牌拥有了知名度、美誉度和忠诚度，那么它会给企业带来一种非常重要的"资本"——与消费者议价的资本。这就可以回答我们的第一个问题了，统一为什么不生产一款售价 3 元的干脆面？

答案就是：统一这个品牌，作为市场上众多方便面品牌之一，它的定价必须要跟着同行走，并没有与消费者议价的能力。可无印良品作为一个连锁经营品牌，它拥有独特的客户群体，并且在消费者心目中形成了知名度、美誉度和忠诚度，所以它拥有了与消费者议价的资本，因而可以获取更多的"品牌溢价"。

一提起品牌溢价，人们可能会想起售价 165 欧元的普拉达曲别针，或是售价 995 欧元的巴黎世家"纸袋"。在大众的认知里，似乎"品牌溢价"是奢侈品品牌的专属。但事实上，连锁企业做得好，同样可以产生"溢价"，从而提高企业的盈利能力和扩张能力。

我们不难看到，那些发展得又好又快的连锁企业，大部分都具备了一定的"品牌溢价"能力，较为直观的例子就是我们前面提到的"喜茶"连锁。"喜茶"的饮品要比同行贵上 10%~20%，利润一定也有相应的提升。在无形资产方面获得了"超额利润"，"喜茶"又不断地将其投入品质提升、营销推广、店面扩张升级上去，因而异军突起，在很短的时间内就占据了比较大的市场份额。

由此可见，品牌价值作为一种无形资产的客观表现，就是它让企业获得了与消费者议价的资格，进而可以通过适当溢价来赚取超额利润，反过来再去用它经营有形资产，从而快速拓展优质发展的空间，形成一个闭环。

品牌价值作为一种无形资产，还有另一个比较主观的表现，即可以让企业在供求关系上占据主动地位。有一家生产优质大米的企业，其大米在市场上的价格在 15 元到 20 元每斤。同时，它的产品也供应给青岛啤酒厂作为生产啤酒的原料。但是，它卖给青岛啤酒厂的价格却不足 3 元，而且供应给青岛啤酒厂的产品，都是品质最高的那部分产品。

为什么这家企业愿意以如此低的价格将产品销售给青岛啤酒厂呢？很多人会说，因为青岛啤酒的需求量大。没错，但这只是其中的一个原因，还有另一个重要的原因是，青岛啤酒的品牌很响，消费者都知道，且青岛啤酒这样的大品牌对原材料的要求非常严格，能够成为它的供货商，就足以向消费者证明——我的产品在安全性、品质等方面，是绝对没有问题的！所以，即便是不挣钱，企业也愿意向青岛啤酒厂供应自己的产品。

这就是品牌价值在供需关系中所起到的作用。

很多连锁企业在打造品牌时，只考虑到品牌对消费者的吸引力和号召力，却忽视品牌效应对企业综合实力的巨大提升，因此在“算总账”的时候，总是漏掉了这一笔。所以，对品牌这笔无形资产的“估值”出现了巨大误差。

很多农产品供应商在制定产品价格时，十分灵活——对小餐饮企业是一个价格，对比较知名的餐饮企业是一个价格，对行业龙头企业又是一个价格。其中的差价，要比想象中大得多。更为关键的是，那些龙头企业不仅可以享受到极低的进货价，还可以获得品质更高的产品。

大家可能也有过这方面的体会：当你去类似于西贝莜面村、海底捞这样的大型餐饮企业就餐时，会发现它们不仅有更好的烹饪手段，也拥有最好的食材，所以菜品的质量更高，你也愿意花更多的价格去消费。实际上，它们拿到更好食材所付出的代价，跟一般企业拿到一般食材所付出的代价，相差无几。

这就是品牌这个无形资产所带来的巨大价值！拥有了强大的品牌，不仅意味着占据了消费市场的高位，也意味着站在了产业链的高位上。如此一来，企业就拥有了双重的优势。这也是我们一直强调品牌是最有价值的无形资产的原因。因为你可以将品牌所衍生出的“直观价值”翻倍，那才是它的真正价值。

成功品牌的共性：占领心智

营销的竞争，

一定程度上就是一场关于心智的竞争。

——逸马“万利连锁”

成功的连锁品牌，其成功的理由或许不止一个，且各家都不尽相同，但它们都存在一个共性，即成功地占领了用户的心智。

凌晨三点钟，想买一包烟，拿出手机打开地图软件，不少人首先会搜索“全家”，因为人们知道，全家便利店的特点就是24小时不打烊；想找一家服务好的餐饮店去吃饭，不少人会想到海底捞，因为“海底捞你学不会”的理念已经深入人心；车子需要保养，不想去4S店，不少人会想到途虎养车，因为大家记住了途虎养车在央视投放的广告里说的“原厂正品”和“专业技师”……这些品牌，就是成功占领用户心智的典型。

关于心智资源，我们先要明确两个基本点：

- 你不可能占据用户的所有心智

一家餐饮连锁，它所能占据的心智可能是“海鲜首选”“农家菜首选”，但无论它怎么努力，也不可能让用户的心智认为“所有的饭都必须到这家去吃”。这是一个再简单不过的道理，但很多连锁企业还是在这上面走了弯路，摆出一副“要让全天下有吃饭需求的人都来我家吃”的架势，试问：如此心愿可能实现吗？

• 越简单的东西越能占据用户的心智

某个生产优质大米的地区，为了推广自己的区域公用品牌，设计了一个产品Logo：该地区在元朝时是蒙古人养马的地方，所以Logo中包含了一个马的形象；该地区名称的第一个字是“兴”字，所以Logo中包含了一个异化的“兴”字；由于是大米的品牌，所以Logo中又包含了一个大米的形象。

说起来头头是道，Logo也做得精致好看，可关键问题却被忽视了——你的品牌到底想要通过Logo告诉消费者什么？马匹形象和那个“兴”的异化体，又和大米这种商品有什么联系？如此复杂的一个东西，想要传递那么多信息，消费者真的能领会吗？他们在乎吗？

真正成功占领了用户心智的品牌，无论是品牌理念，还是品牌形象设计，都在努力地追求化繁为简的境界。如果上网去搜索星巴克的Logo演变过程，你会惊讶地发现：从1971年到2011年，经过40年的演变，星巴克的Logo是越来越简化的，到现在只剩下美人鱼头像，连coffee的字样都省略掉了。因为在用户心目中，星巴克和咖啡之间是对等的，无须做更多的描述，它已经深深地根植于用户心中了。

心智资源的基本要素，可以浓缩成一句话：用简单的方式，满足用户某方面的刚需。

那么，当一个品牌占领了用户的心智之后，会产生哪些好处呢？

• 让连锁品牌产生屏蔽效应

那些率先占领了用户心智的品牌，会成为用户产生需求之后的下意识的首选对象，如此一来，就会在无形中屏蔽了竞争对手。

有研究证明，对于某一类产品或某一类服务，用户的脑子一般只能装得下两个品牌。比如，大多数人在发生网购行为时，想到的是什么？淘宝＋京东；想要去实体店购买电器，苏宁＋国美；想吃汉堡，肯德基＋麦当劳；想吃烤鸭，便宜坊＋全聚德……

要知道，在所有的细分行业中，最初参与竞争的企业肯定不止两个，可通过竞争洗牌之后，能够占据用户心智、获得绝对优势的企业，一般都会剩下两家。其他参与竞争的企业，虽不至于完全丧失生存的空间，但由于在“心智争夺战”中的失利，导致他们只能屈居于第二梯队。例如在电器行业，最早有苏宁、国美、大中、五星等，但是到最后，苏宁和国美占据了大部分市场。

为什么细分市场领域多数只剩下两家最终、最大的胜利者？不是因为国内市场的空间不够大，而是因为用户的心智空间有限。所以，当你的品牌占领了用户的心智空间之后，就会产生屏蔽效应，让用户对大多数竞争者“视而不见”。

- 强化消费者对产品特性的认识

用产品特性占领消费者的心智，用消费者的心智来进一步强化产品的特性，是一个良性的循环。曾有人这样“调侃”苹果手机：其他手机品牌出了问题，消费者首先会想到“是不是产品质量不过关”；苹果手机出了问题，消费者首先想到的是“是不是我的使用方法有问题”。为什么会这样？就是因为苹果手机“稳定可靠、精工细作”的产品特性，已经占领了消费者的心智。所以，当消费者在购买该产品之后，会不断地给自己增加这方面的心理暗示，最终产生投射性的认同。

某全球知名餐饮连锁品牌，曾经被曝光用卫生间制作冰块的丑闻，当时也确实对该品牌造成了不小的负面影响。可是，这一风波很快就平息了。如果相同的事件发生在一般品牌的身上，可能是一次灭顶之灾。为什么会有如此差异？就是因为该品牌“管理严格”的特性，占据了消费者心智，即便它出现了一些问题，消费者也会认为是偶然现象，是特例。这就是“强化消费者对产品特性认识”的积极意义，它可以让消费者给予连锁品牌更好的预期、更大的宽容，是千金难买的东西。

所有做连锁品牌的企业都应该认识到，占领消费者心智是发展品牌的最高目标。谁占有了心智，便占有了市场；垄断了心智，就垄断了市场。对于连锁品牌而言，想要占领用户的心智，要做好以下几件事：

- 找到你要占领的目标，即目标客户

中国潜在消费市场规模巨大，消费者类型异常多元，这就意味着：第一，你不可能满足所有人；第二，只要能满足一部分人，你就可以获得一个非常大的市场空间。事实上，无论多厉害的连锁品牌，也不可能占据所有人的心智，所以，最重要的是找到目标客户群，为他们量身定制一个“心智占用”方案。

以海底捞为例，它的目标客户是那些对服务格外重视的群体，故而它选择了主打服务。事实上，也有很多人对海底捞那般事无巨细、大包大揽的服务模式不以为然，但是没有关系，只要目标客户觉得满意就可以了。

- 找到一个让目标群体记得住的消费理由

品牌有三个最重要的维度——知名度、美誉度、忠诚度，其中知名度是排在第一位的。

连锁品牌如何提高自己的知名度呢？最重要的一点就是，确立一个让消费者记得住的消费理由。无论你把自己的产品、服务说得多么好，如果消费者记不住，就是白费力气。而那些成功占领用户心智的连锁品牌，它们给出的消费理由往往都是简单直接：沃尔玛——应有尽有；永辉超市——绿色消费；屈臣氏——Your Personal Store。

越简单、越直接，越容易被铭记，这是千古不变的道理。就如同诗词歌赋一样，古往今来，很多人追求辞藻华丽、用典丰富，但是真正流传下来的、脍炙人口的千古名篇，却大都是用平实的语言铸就的：枯藤老树昏鸦，小桥流水人家；大漠孤烟直，长河落日圆；醉里挑灯看剑，梦回吹角连营；黄河之水天上来，奔流到海不复回……这些诗句中，没有什么生僻字，遣词造句也很直白，但偏偏就是能让人记得住，还能引发无限遐想。它们形式上简单，内涵上丰富，这才是成功的“传播学案例”。

世间万物的道理是相通的，想要占领消费者的心智资源，想要找到让消费者记得住的消费理由，你就要想办法把那些复杂的品牌意涵，浓缩到简单的一句话里，甚至是一个符号里，这才是“见功力”的表现。

• 与消费者形成强烈的情感共鸣

“心智”一词，本来就和情感二字紧密相连。想要占领消费者的心智，除了要在物质难以捉摸（产品）上满足他们的需求之外，也要在情感上与之形成共鸣。

情感虽然难以捉摸，但是又无所不在。消费者怀着什么样的心情进入你的门店，又是怀着什么样的心情离开？这就是一个情感累积的过程。

鲜花品牌 roseonly 的理念是“一生只爱一人”。为了坚守自己的理念，roseonly 规定：消费者凭身份证购买且只能送一个人玫瑰花。从客观上讲，这无疑提高了消费门槛，但这一规定本身，却迎合了大多数消费者的情感需求。

大家可以想象：一个消费者怀着对美满爱情的憧憬进入门店，然后掏出身份证，“庄严”地购买了一束花。当他离开时，犹如完成了对忠贞爱情的一个许诺。这样的情感递进，当然可以占领用户的心智，来年他依然是你忠实的顾客。

心理学研究表明，人的左脑负责理性思维，它会客观地评价你的产品——产品参数、性价比、自身需求与产品特性是否契合等；右脑则负责感性思维，它会从情感上评价你的产品——是否带来了喜悦感，是否收到了尊重，是否感到满足等。

只满足左脑的需求，客户虽然满意，但不会形成“依赖”。也就是说，品牌没有忠诚度；只满足右脑的需求，虽然客户可能还是会产生“激情消费”的行为，可当激情退去之后，他们又会重新以理性衡量产品。如果他们事后对产品有了负面的看法，那也会影响品牌的美誉度。所以，想要真正占领用户心智，就要同时满足用户的左脑和右脑。

概括来说，心智占领就是头脑中的条件反射。为了方便选购，消费者会在心智中形成一个优先选择的品牌序列。一旦有了相关的需求，消费者就会依序优先选购。对连锁企业来说，营销的竞争在一定程度上就是一场关于心智的竞争，只有在消费者心智中定位清晰明确，消费者才有可能在产生需求时第一时间想到你，这是所有连锁企业未来要努力的方向。

连锁品牌的航母效应

一元、二元不够，
那就三元、多元，
“三生万物”似乎是正解。

——逸马“万利连锁”

一位资深品牌和营销专家说：“连锁品牌发展到最后，一定要从巡洋舰变成航空母舰。”现在想来，这句话形容得非常贴切，也非常精准。

单一品牌就是“巡洋舰”。战斗单元都集中在一艘舰船之上，突击火力强、战斗模式多元，进攻靠自己，防守也靠自己；对空是它，对海是它，对地也是它。

一个母品牌与多个子品牌所形成的品牌集团，就是“航空母舰编队”。防空、反潜、对海、对地，各种舰艇围绕母舰展开联合行动，各司其职，且灵活机动的战斗机还可以随时从母舰上起飞，完全攻城略地的任务。

对大多数连锁品牌而言，成为“巡洋舰”，是打造品牌的高级目标；而成为“航空母舰编队”，则是所有企业的终极目标。打造“航空母舰编队”之所以会成为连锁企业的终极目标，是因为当连锁企业品牌发展到一定阶段之后，都会遇到一些周期性的困境，而品牌的航母效应，是跨越周期的有限手段之一。

通常来讲，连锁企业的周期性困境主要体现在以下几方面：

• 大众消费品牌向高端品牌迈进的周期

众多连锁品牌都是从大众消费开始做起，可当大众消费的连锁企业做到一定阶段之后，其有限的盈利能力会限制它的进一步发展。

以手机市场上的小米品牌为例，小米最初以性价比高、单机利润薄的机型占据了很高的市场份额，一度成为国内销量最高的手机品牌。销量虽高，但其盈利能力却一直比较低。在此情况下，发展品牌定位更高的子品牌，就成为小米一直以来的努力方向，所以他们推出了“MIX”型号，试图打造高端品牌。

对大众消费品牌连锁企业来讲，从低端品牌向高端品牌发展，是更加迫切的需求。因为随着连锁企业规模的扩张，既有市场会趋于饱和，此时企业会进入停滞周期，甚至是负增长周期，开拓新市场就成为必然出路。原有的低端品牌，无法承担起开拓高端市场的重任，所以发展新的高端子品牌，是必须要做的事情。

国内的服装连锁品牌美特斯邦威，曾经在市场上叱咤一时，但随着市场的饱和，美特斯邦威的扩展速度大打折扣，甚至开始出现“负增长”的情况。在此情势下，美特斯邦威推出了新的高端品牌——米安斯迪（Me&City），走上了高中低端齐头并进的道路，也在一定程度上遏制了负增长的局面。

• 连锁品牌的“大企业病”周期

连锁企业在发展到一定阶段之后，更容易患上“大企业病”，具体表现就是管理成本激增，原有品牌定位跟不上市场的变化，品牌转型越来越困难。这时，打造相对较为独立的子品牌，对帮助企业渡过大企业病周期较有成效。

• 连锁品牌的倦怠周期

连锁品牌总是以一套相同的模式进行复制、扩张，久而久之会进入倦怠期。

此时，企业各级管理者的创业激情逐渐消退，危机意识日益淡薄，对于市场的感知能力也开始退化。此时，创立子品牌不仅可以帮助企业渡过低高端转型周期、大企业病周期，更可以把企业的各级管理者从倦怠周期中“拉”出来。

创立子品牌的初衷可能是帮助企业度过危险周期，但其效果绝非仅仅是“止血”那么简单。子品牌做得好，可以帮助连锁企业快速“生肌”。

以连锁品牌阿玛尼为例，它是全球高端服装连锁品牌，旗下拥有多个子品牌，每一个子品牌，都有其独特的使命：

Armani Prive（与普拉达或古驰竞争）

Giorgio Armani（与爱马仕竞争）

Armani Collezioni（与巴宝莉竞争）

Emporio Armani（与 D&G 竞争）

Armani Jeans（与迪赛竞争）

Armani Exchange（与 H&M 竞争）

从阿玛尼众多子品牌所承担的不同使命可以看出，阿玛尼集团通过子品牌战略，实现了高中低端的全方位覆盖，极大地拓展了阿玛尼的市场空间和占有率。

试想一下，如果阿玛尼直接用阿玛尼品牌与 H&M 竞争，会拉低母品牌的定位高度；相反，如果阿玛尼用 Armani Exchange 品牌与爱马仕竞争，根本就无法形成有效的竞争力。所以，只有通过子品牌战略，才能不断丰富阿玛尼的“战略肌肉”，让整个品牌集团充满力量。

除了占领市场之外，子品牌还可以增加连锁企业的营销选择。

还以阿玛尼为例，在阿玛尼诸多子品牌中，Giorgio Armani 和 Emporio Armani 拥有自己的零售专营店，它们可以帮助阿玛尼品牌维持高端定位。至于其他低端子品牌，是可以进行批发销售的。如此一来，就增加了阿玛尼的出货量。

如果阿玛尼只有一个品牌的话，就只能把品牌专营的模式一条路走到黑，才能维持自己的高端定位。可如此一来，就失去了进一步扩展销售渠道的可能。毕竟，如果高端品牌阿玛尼也开始搞批发，那么它就必然会面临品牌定位的滑坡。

构建子品牌可以帮助连锁企业形成航母效应，一则可以帮企业度过危险周期，二则可以帮企业丰富品牌定位，三则可以帮企业拓展市场空间、拓宽营销渠道，一举多得。

子品牌战略的好处多，但有一点要声明，该战略用得不得其法或不得其时，也会给连锁品牌造成巨大的危害。市场上确实存在类似的现象，有些连锁企业发展到一定阶段之后，开始发展子品牌，可由于缺乏清晰的品牌定位，最后形成了子品牌与子品牌之间的激烈竞争，损害了整个企业的利益。更有甚者，一口气推出了多个子品牌，为了让子品牌能够继承母品牌的知名度，所有的品牌都沿用了相似的名称，结果让顾客一头雾水，真假难辨。原本想冲击高端的子品牌，最后被低端子品牌拉住了腿；原本定位平民消费的低端子品牌，结果却被高端品牌的“余威”挡住了门。

总而言之，在实施子品牌战略的过程中，切忌品牌定位模糊、战略混乱，那样非但无法形成科学的多品牌战略，反而会造成自己人打自己人的局面。

华住集团：多品牌战略布局

经营利润还是经营现金流？

经营赚钱还是经营值钱？

这只是个选择。

——逸马“万利连锁”

子品牌战略，不是简单的品牌罗列，而是要用科学的方法，让自己的所有子品牌形成一个有机的整体，也就是多品牌战略。在这一点上，华住集团的做法值得连锁企业学习。

华住集团的前身是汉庭集团，而汉庭酒店这个品牌，已经在人们心目中形成了“经济性酒店”的固有印象。为此，他们将汉庭集团更名为华住集团。与大多数连锁经营企业“母品牌不动、构建新品牌”的战略不同，华住集团在品牌改造时，首先拿母品牌“开刀”，这是极为罕见的。由此可见，华住集团在制定品牌战略时的灵活性。

华住集团旗下，有多个重要的子品牌：

- 禧玥酒店，主打国内市场的五星级酒店。
- 美仑酒店，四星级酒店。
- 全季酒店，华住酒店集团旗下中档品牌。
- 汉庭酒店，经济型酒店。
- 海友酒店，经济型平价酒店。
- 漫心度假酒店，地方特色酒店，融入所在地区的人文和历史传承，将度假酒店的服务理念与地方民居、民俗等人文特色融合。

华住集团旗下品牌，覆盖了五星级、四星级、三星级、经济型、平价以及特色酒店。彼此之间分工明确，特色突出，既照顾到了消费者方方面面的需求，又不会形成“自己人打自己人的局面”。此外，华住在实施子品牌战略时，还可以用自己丰富的“品牌线”，来争取各个层级的加盟商，从而实现自己迅速扩张的愿景。

众所周知，酒店投资属于重资产，招揽加盟商尤其不易。华住的子品牌战略为自身赢得了超大的覆盖空间。所以，不少试图投资酒店连锁加盟的人，在选择加盟对象时，都会想到华住，因为总有适合自己的加盟项目。

在过去几年中，市场上的单体酒店开始陆续加入华住连锁酒店联盟的阵营中，华住集团的加盟率屡创新高，因而产生巨大的规模效应。作为连锁企业的管理者，我们一定要清楚，连锁的优势不仅在于品牌传播、客源引流、议价能力，还在于成本控制，规模化会摊薄单个成本，从而提高企业的发展效率。

所以，华住的子品牌战略，既提升自身的规模优势，又提高了企业的发展效率，正如华住集团创始人兼董事长季琦所说："（对于连锁企业而言）规模和效率才是未来。"

2019 年第三季度，华住旗下所有酒店总营业额达 100 亿元，同比增长 19%；净营收同比增长 10.4%，达 31 亿元；归属于母公司的净利润为 4.31 亿元。酒店规模方面，2019 年第三季度，华住净增 486 家酒店。截至 2019 年 9 月 30 日，华住在全国 420 座城市中，已开业 5151 家酒店，包括 697 家直营店、4087 家管理加盟店和 367 家特许店。华住的忠诚度计划"华住会"已有超过 1.39 亿会员。在 2019 年第三季度，会员贡献了超过 76% 的间夜量，超过 85% 的间夜量来自于华住的直销渠道。华住预计 2019 年全年净营收将同比增长 10%~12%，并计划在 3~5 年内，实现 10000 家酒店规模的目标。

华住集团的多品牌战略，目前还处于"现在进行时"的状态。按照这个态势发展下去，最终很可能会形成各个子品牌"散是满天星，聚是一团火"的理想境界。

换而言之，当每一个子品牌在自己的品牌定位中做到极致的时候，多品牌战略就会完成"终极进化"，形成一个更加强大集团性品牌连锁。到时候，品牌将"不分母与子"，每一个品牌都可以成为独当一面的"强品牌"。

这样的情境，犹如是一个家庭里的几个孩子，母亲含辛茹苦地将其养育成人之后，兄弟姐妹不仅不再需要母亲的庇护，还可以相互扶持、反哺家庭。每一个永续发展的企业，都是这样形成的。

品牌生态，无形资产成盈利主流

> 授权是从有形资产转向无形资产经营的标志，
> 核心是客户的品牌信仰与生态的组织荣耀。
>
> ——逸马“万利连锁”

当连锁企业发展到品牌生态的阶段，它才算是真正迈进了连锁的最高境界。

为什么这样说呢？因为品牌是一个经济概念，可通过投资成为知名品牌，然后再通过某些途径回收成本和盈利。走到这个阶段，品牌带来的价值和收益，会远远超过产品和服务创造的价值。换句话说，当我们开始做品牌盈利运营时，无形资产就成了盈利的主流。

连锁的最高境界是无本万利，这个“无”指的就是无形资产。认真观察商业世界，我们就会发现，一个有强大竞争力的企业，其核心资产大多不是有形资产，而是无形资产，甚至有的企业资产并不庞大，但盈利能力非常强。

壳牌是一个大家耳熟能详的品牌，在大家固有的认知里，它是油气行业的领导者，是全球最大的润滑油供应商。但很少有人知道，壳牌也是零售连锁领域中的佼佼者。

壳牌 80% 以上的业务是以控股或参股的形式合作的。荷兰的加油站业务，壳牌就与星巴克合作；壳牌新加坡则与 7-11 便利店开展合作；在英国，壳牌与 Costa 咖啡和 Waitrose 合作；壳牌与法拉利合作 70 多年，为其不同赛车款提供燃油分析服务，包括向车队解释燃油数据和交流重要结果。

通过上述介绍，我们可以更加清晰地发现：有形资产并不构成诸多巨头企业的核心优势，无形资产才是它们驰骋市场的利器。

那么，品牌这一无形资产都能够通过哪些途径实现盈利运营呢？

• 借助生产和销售活动实现品牌溢价

宝马汽车公司创办于1916年，总部在德国慕尼黑。宝马集团拥有三个品牌，分别是BMW、MINI、Rolls-Royce（劳斯莱斯），占据了从小型车到顶级豪华轿车的各个细分市场的高端。宝马的业务遍及全世界120个国家和地区，它那蓝白相间的圆形标识，也成了世界知名的高端品牌。

宝马产品在设计美学、动感和动力性能、技术等方面，都有着不凡的表现，因而宝马集团希望以较高的单车利润率实现利润的稳步增长。实际上，它也实现了这一目标。

• 借助外包生产实现品牌运营收益

众所周知，苹果公司是全球最赚钱的公司之一。2019年11月26日，调研公司Counterpoint Research发布全球手机份额研究报告。数据显示，在手机利润方面，iPhone手机单台利润高达1000元人民币，大约是中国厂商平均每部手机利润的14倍。苹果公司的各类产品和服务涵盖手机、计算机、平板电脑、数字音乐播放器等多个领域，但这些苹果产品大都不是苹果公司生产的，不少产品是由中国的企业代工生产的。苹果凭借自身强大的品牌形象和超强的创新能力，在整个产业链上的收益率超过50%。

• 借助授权他人使用品牌而获取收益

品牌授权也称为品牌许可，就是授权者把自己所拥有或代理的商标或品牌等，以合同的形式授予被授权者使用，而被授权者向授权者支付相应的费用。比如，迪士尼公司的米老鼠形象，就是它的无形资产，如果有家具制造商想要把米老鼠印在自己的产品上，就要支付给迪士尼相应的费用，这就是品牌授权金。

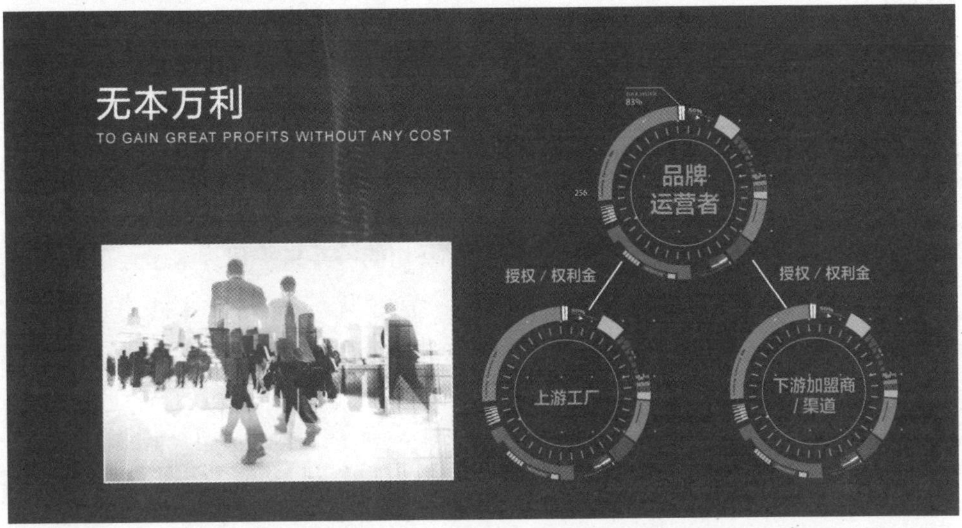

特许经营也属于这一范畴，它是指通过签订合同，特许人将有权授予他人使用的商标、商号、经营模式等资源，授予被特许人使用。被特许人按照合约，在统一经营体系下从事经营活动，并向特许人支付特许经营费。比如，麦当劳的不少店面并不属于麦当劳总部，它们与麦当劳之间就是特许经营的合同关系，麦当劳总部授权它们使用自己的商标和其他知识产权，并按期缴纳特许费用。近年来，麦当劳一直致力于减少直营门店，增加加盟店，以降低运营成本，实现营收和利润的扭转。2019 年，麦当劳财报表示，其增长“主要是受加盟店销售利润的推动”。加盟店贡献了麦当劳近 85% 的运营利润，而直营店由于运营成本较高，多数需要总部补贴。

- *借助出租品牌来获取收益*

1989 年，广州乐百氏招商，何伯权和四个朋友租下了乐百氏的品牌，在一间不足 10 平方米的小办公室成立了“中山市乐百氏保健制品有限公司”。通过经营推广，中山乐百氏在 1992 年发展成了广东今日集团。1997 年，今日集团收购了广州乐百氏，成为乐百氏品牌的真正主人。1999 年，今日集团更名乐百氏集团。

2000年，乐百氏被法国达能收购。至今，乐百氏品牌依然活跃于市场。

• 借助出售品牌来获取收益

前面说的是出租品牌，这里要谈的是出售品牌。意大利运动品牌Kappa，20世纪80年代末进入中国市场，但由于市场运作不算成功，时间不长又退出了。Kappa再次进入中国市场则与李宁公司有着密切的关系——代理Kappa的是李宁的子公司北京动向。由于北京动向代理的Kappa业绩不佳，加上Kappa与李宁的市场定位基本相同，李宁公司最终决定放弃Kappa品牌。但是，时任北京动向总经理陈义红却从中看到了机会。经过股权转让，陈义红成为Kappa中国代理权的实际控制人。2005年9月，陈义红正式从李宁公司董事会辞任，全面独立运作中国动向。

2006年初，Kappa的意大利母公司BasicNet出现财务危机。中国动向以3500万美元拿下Kappa在中国的品牌所有权和永久经营权，中国动向从Kappa的特许使用商转变为品牌拥有者。对Kappa的母公司BasicNet来说，在危急时刻，知名品牌Kappa帮它解了燃眉之急。由此也能看出，好品牌是可以变现的优质资产。

• 借助品牌打假来获取收益

LV品牌的市场号召力是毋庸置疑的，在它进入中国以后，许多仿冒产品纷纷涌现。

2010年9月，LV公司发现，大连某商场内有业主出售假冒LV产品，之后又在大连的多家购物场所、酒店开展打假活动，对销售假冒LV产品的行为进行调查取证。在收集了充分的证据之下，LV系列维权案在大连西岗区人民法院开庭审理。

最终，LV公司在西岗区人民法院一共立案22起，提供了多件假冒产品作为证据，其中包括钱包、挎包、皮带等，总索赔金额达1100万元。

实际上，国际上的许多知名品牌都曾发起过这样的维权事件。原本，被侵权是一件坏事，会损害品牌权益。但从另一个角度来说，恰恰是品牌的知名度高才会被仿冒，通过打假的方式，这些品牌也获得了丰厚的侵权赔偿。可以说，这也是知名品牌收益的一部分。

以上就是品牌盈利运营的六大途径，也是无形资产重要性的具体呈现。恰如现代营销管理大师菲利普·科特勒所言："伟大的品牌是公司维持超额利润的唯一途径。伟大的品牌代表了感性收益，而不仅仅是理性收益。"

我们已经进入品牌时代，当同类产品的品质、功能愈发接近，当一切都可以用数字来衡量的时候，产品之间的竞争就只剩下品牌的价值和品牌的独特内涵了。在竞争日益激烈的情况下，连锁企业必须建立品牌导向的方略。没有比品牌再宝贵的东西了，品牌的胜利就是连锁企业的成功。

麦当劳：不为人知的"秘密"

想做第一，

必须向行业外更先进的领导品牌去学习。

——逸马"万利连锁"

在广大消费者的眼中，麦当劳是一家卖汉堡、薯条与可乐的餐饮连锁公司。无论进入哪一家门店，顾客都络绎不绝，节假日更是人满为患。所以，多数消费者会想当然地认为，麦当劳是靠卖汉堡赚钱的，吃的人多盈利自然少不了。

普通消费者看商业领域的问题，往往都是看浅显的表层，毕竟外行者居多。在麦当劳盈利收入来源这一问题上，企业经营者的认知就又深了一层，特别是从事连锁经营的人士，会更加留意行业巨头的消息，并对其加以分析。

麦当劳卖的产品是汉堡、薯条，但这绝不是它盈利收入的主要来源。因为麦当劳的创始人雷·克洛克曾经明确无误地表示："麦当劳不是做汉堡的，真正的业务是做房地产。”

是的，麦当劳存在两种不同的经营模式，一种是直营模式，另一种是加盟店模式。直营模式不需多说，都是麦当劳亲自投资运营的店，通过赚取商品差价来盈利。我们重点谈加盟店模式，加盟商要向麦当劳交三部分的费用：

- 初始保证金
- 授权费（通常是加盟店年销售额的 4.5%）
- 店面租金（麦当劳先选好店面地址并做好前期，加盟者给麦当劳交 10% 的租金）

结果一目了然，麦当劳加盟店的利润明显要超过直营店。所以，大家就都认可了“麦当劳是一家以租金为利润核心的房地产公司”。然而，现在的情况还是这样吗？

妄自猜测没有任何意义，我们看麦当劳 2016–2018 年的财务报表：

2016 年	自营餐厅	品牌授权	租　金
运营利润占比	10%	40%	50%
运营利润率	5%	82%	51%

2017 年	自营餐厅	品牌授权	租　金
运营利润占比	9.5%	42.5%	48%
运营利润率	5%	82%	51%

2018 年	自营餐厅	品牌授权	租　金
运营利润占比	9.2%	46.8%	44%
运营利润率	4%	83%	47%

数据，是最有力的证明。麦当劳依靠租金获得的盈利，的确远超自营餐厅的盈利。但在2016–2018年，我们透过数据也看到了，租金板块的收入已不是麦当劳运营利润率最高的。2018年，麦当劳品牌授权所占的运营利润占比46.8%，已经超过租金收入板块的运营利润占比44%，其品牌授权的运营利润率达83%。综合来看，2016–2018年，麦当劳品牌授权的运营利润占比分别是40%、42.5%、46.8%，呈逐渐上升的趋势。

毫无疑问，这些数据在提醒我们：麦当劳这一连锁巨头，已经踏上了品牌生态之路，无形资产为它创造的利润和价值，已经远远超过了有形资产。对于正在成长中的连锁企业而言，应当从行业巨头的成功中意识到品牌的重要性，更要努力朝着这个方向前行。

万利连锁：从无到有，从有到无

条条大路通罗马，

只是每条路都是弯的。

——逸马“万利连锁”

碍于时间和篇幅有限，品牌生态的话题我们就此搁笔。与此同时，我们的“万利连锁”模型的逻辑，也已经系统地为大家阐述了一遍。对于整个“万利连锁”的逻辑，可以简单地总结成八个字——从无到有，从有到无。

“万利连锁”模型的开始，是如何在新商业时代打造一家成功的单店。

二三十年前，大家的思路就是找准一个行业，选择一个好的地址，然后开一家店，吸引客户。置身于当下，这样的经营模式已经过时，消费者已经走过了物质匮乏的时期，大家开始关注精神层面的需求。所以，我们的思路也要随之转变，积极主动地与客户进行情感连接，围绕客户的需求去做产品和经营。

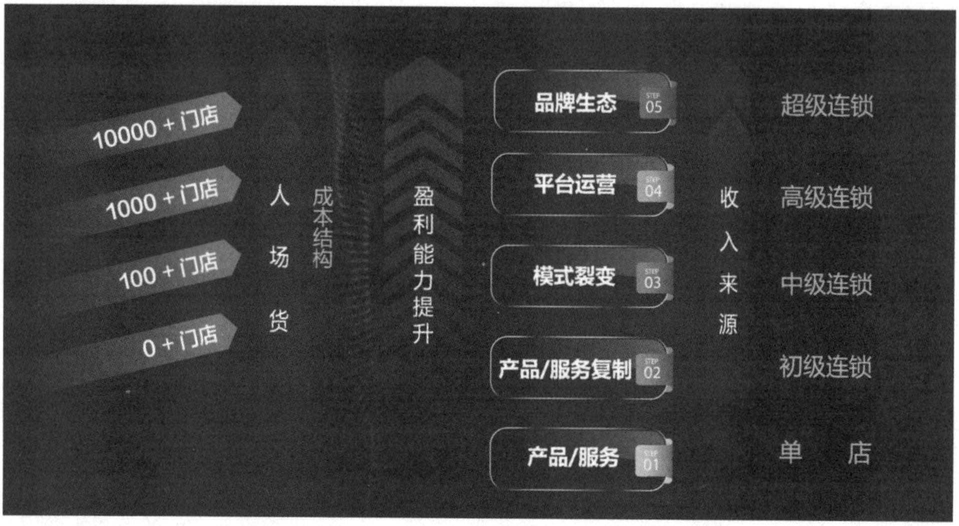

怎么做呢？许多的新创企业直接选择打造 IP，从“无形资产”入手，借助这个带有人格属性的载体去贴近用户，直击用户的心智。当 IP 植入用户的心智，用户了解并认可你的品牌，再去经营用户需要的产品，一切就变得容易多了。当单店经营取得成功，再进行标准化复制，产生模式裂变，同时借助互联网和资本的力量，构建品牌生态圈。

结合“万利连锁”的模型，我们不难看出，这是从“从上往下”做的思路。

对传统的连锁企业来说，目前有一部分已经开始做标准化输出，但经营者的思路却没有完全打开，还是停留在“连锁 = 开分店”的层面，没有意识到“无形资产”的重要价值，更不知道连锁品牌最终要实现的是品牌授权，扩大无形资产的盈利占比。

所以，传统的连锁企业目前最重要的是转型升级，重视标准化，重视品牌，尽早从“卖产品”走向“卖模式”之路，从依靠“有形资产”盈利走向经营“无形资产”盈利。与此同时，还要结合市场，积极地应用新技术，提升企业的竞争力，继而打造出连锁品牌。

结合“万利连锁”的模型，我们也不难看出，这是“自下而上”的思路。

新创企业走的路线是“从无到有”，传统企业的升级是“从有到无”，但两种经营路径的核心是一致的，即“以客户为中心，为客户提供极致的消费体验”。无论是新创企业，还是传统的连锁企业，最终要实现的目标也是一样的，即“从经营有形资产走向经营无形资产，打造优质的连锁品牌”。

我们在 IP 的章节讲到首旅如家，它就是一个典型的传统企业，但它选择了植入爆款 IP，打造漫趣乐园，为首旅如家带来了更高的溢价空间和品牌好感度，还帮酒店赢得了更多新的客源。更重要的是，IP 衍生品和收费体验项目的收入，提升了非客房收入的比重。可以说，首旅如家的做法，为诸多的传统企业提供了一个参考标杆。

最后要说的是，无论你是哪一类型的企业，都应当记住这句话：“条条大路通罗马，只是每条路都是弯的。”经营企业不易，为客户提供极致的消费体验更不易，这个过程需要有前瞻的思想，有与时俱进的意识，更要有脚踏实地的作风。任何投机取巧、寻求捷径的选择，最终都是在玩火自焚，自取灭亡。

第六章

连锁哲学|万物生于有，而有生于无

第十五课：万物生于有，而有生于无

万物生于有，而有生于无

人不一定是宗教的，

但一定是哲学的。

——逸马“万利连锁”

我相信，在看到这一课的内容时，会有一些朋友心生不解：我们讲的是连锁，谈的是商业领域的话题，怎么最后的落脚点是哲学？我还相信，不少朋友在生活中也思考过这个问题：学习晦涩枯燥的哲学，到底有什么用？

是的，哲学本身没办法提供某种知识和技能，但它提供给我们的是对世界的整体性思考。2019 年，我开设了一个公众号，名字就叫“马瑞光学哲学”，目的是“研东西，究古今”。因为结合自身的经历，我愈发地感受到，哲学性的思考落实到一个人的生命中，它会内化成其德行与智慧，而这些东西是我们为人处世、经营生活、发展事业的基础。

一项调查显示，美国 100 强 CEO 的书柜中，超过 90% 的书籍都与经济基本无关。这样的结果公布出来后，不少人都感到意外。在大家的意识中，企业家应该对经济、管理、财务方面的内容最感兴趣，也最需要这方面的知识。可事实并非如此。国内某公司也做过相应的调查，发现中国的企业家也越来越不喜欢看企业管理的书，而是更倾向于看心理类和哲学类的著作。

沃尔玛创始人萨姆·沃尔顿说："世界上没有什么纯而又纯的商业真理，所谓商业真理只是把那些古老的真理认真地、全身心地运用到你的商业行为当中。"我们今天看到的沃尔玛，它的商业理念也是有哲学渊源的——"己所不欲，勿施于人"。每个人都希望用最少的钱买更多的产品，这是一个古老的真理，沃尔顿就是在商业领域全身心地运用和践行了这一真理，结果创造出了沃尔玛。

商业，离不开哲学。现在，我想从哲学多角度梳理一下这本书的整体逻辑，我有理由相信，在梳理完后，大家能够更深刻地体会到，连锁经营的过程本身就是哲学的一种体现。

老子的《道德经》有云："无名，天地之始；有名，万物之母。"

这里所讲的"无"，是物质背后、事物表现和发展过程的背后蕴含的非物质的、无形的、精神上的东西。比如，我们开篇时谈到的，有温度、有态度、快速与用户建立情感关系的 IP；连锁经营发展的规律，也就是"道生一"中的"道"；企业的文化、经营理念、优质的品牌……它们都是无形的，不可捉摸又不可或缺。

这里所讲的"有"，指的是存在和拥有，即有形的、实际发生的客观存在。连锁的初级阶段，就是打造一家成功的单店，有了单店，才能实现"一生二,二生三,三生万物"，这里的"二""三""万物"，都是实实在在的东西，都是有形的资产。

《道德经》云："天下万物生于有，而有生于无。"

连锁零售业是实体生意，要做大做强自然离不开有形资产的支撑。有形资产是怎么来的呢？打造 IP，吸引用户，经营成功的单店，再遵从标准化复制之道，实现规模扩张。但我们说过，连锁的最高境界不是开多少家分店，而是通过“卖模式”实现品牌效应，最后通过对品牌这一无形资产的授权创造高额利润。而后，再将无形资产的盈利投入有形的产品与技术研发中，形成一个有形资产与无形资产相互支撑、相互促进的闭环。

华为是一家历史并不长的中国民营高科技企业，走向国际市场也不过十年。但是，华为却在激烈的世界通信市场大战中站住了脚。华为所有的出口产品都是自主品牌，它非常注重无形资产的价值。现在，华为品牌已经成功地走向了世界，就连苹果公司也开始向华为购买技术授权，而这些依靠无形资产获得的营收，又为华为的技术研发提供了强有力的保障，循环往复、生生不息。

遗憾的是，我们有许多传统企业的老板尚未意识到这一点，依然热衷于投资有形资产，却不愿投资无形资产。殊不知，消费者的需求在转变，过去人们购买的是产品，而现在购买的是商品。产品和商品有什么不一样呢？差别就在于，产品没有文化，而商品有文化，其文化就是透过品牌这一无形资产呈现出来的。

哲学不是空洞无物的，仔细琢磨，大家会发现，它涵盖了万事万物的规律。我们提出的“万利连锁”模型，就在“万物生于有，而有生于无”的框架中，这是一个符合哲学的思维逻辑，为企业经营者指出了投资的方向——无形资产。倘若投资方向产生了偏差，那么连锁企业到了后面就会越来越难做。原因很简单，你制造的是有形产品，而客户追求的却是无形价值，产品怎么能卖得出去呢？卖不出产品，就谈不上盈利，更谈不上复制扩张。

未来的商业竞争中，懂得经营无形资产的连锁企业会越做越轻松，越做越赚钱；不懂得经营无形资产的连锁企业会越做越辛苦，越做越不赚钱。我们的传统企业，一定要及时地扭转过去的思维观念，在商业模式中加强对无形资产经营的考虑，走轻资产获取高利润的道路，用无形资产来锁定无本万利。

保罗·罗默：内生增长理论

产品销售越卖越少，模式裂变越变越多；

平台运营商者无域，品牌授权生态无边。

万物生于有，而有生于无。

——逸马“万利连锁”

2018 年，保罗·罗默以在创新、气候和经济增长方面研究做出的杰出贡献获得诺贝尔经济学奖。保罗·罗默能够得此殊荣，可谓是实至名归。

从古典时期开始，无数经济学家都在关注经济增长的秘密，并深受其困扰。20 世纪 60 年代，以罗伯特·索洛建立的增长模型为标志，经济增长的谜团真正转化为一套现代意义上的理论，这些新古典经济学家给出的答案是：经济体的人口增长率与储蓄率，通常会在很长时间内保持不变。所以，最终决定经济体均衡发展水平的变量，只有技术。

技术，被经济学家视为一个“外生变量”。按照索洛模型的推导，各国的经济水平应当朝着稳态收敛，穷国与富国之间的收入应当会趋同。然而，事实并不是这样的。正因为出现了这样的情况，经济学家对经济增长的研究陷入了困境。从 20 世纪 70 年代初期，有关这方面的文章就彻底从西方的学术期刊上消失了。

1986 年，刚过而立之年的保罗·罗默，在世界顶级经济学期刊上发表了一篇文章，名为《收益递增和长期增长》，原本已经被人们搁置的这个古老的经济学问题，又重新呈现在世人眼前。1990 年，罗默又发表了《内生技术变迁》一文，在业界引起了巨大反响。

罗默对于增长的问题，有他自己的独到见解。他利用“规模报酬递增”的概念对持续的增长进行解释。在传统的经济学中，投入要素的规模报酬通常被假定为是递减的。比如，资本或劳动力投入越多，其边际上的产出就越低。鉴于这样的特征，就决定了经济增长的过程最后只能导致人均产出的均衡，而无法出现持续增长。但是，如果有某一项要素的规模报酬是递增的，情况就会有所不同，它的积累会导致持续增长的产生。

那么，这样的要素是否存在呢？很庆幸，知识就属于这样的要素。

当知识被作为投入品用于生产时，它会产生强大的正外部性，从而产生规模报酬递增。一旦有了规模报酬递增，持续的增长就成为可能。在《内生技术变迁》一文中，罗默构造了三个经济部门：研发部门、生产中间品的部门、生产最终产品的部门。

研发部门负责生产知识和创意，将其卖给中间产品部门；中间产品部门生产耐用资本设备，将其租给最终品生产部门来获取租金；最终品生产部门负责生产经济体中的最终产品。如果要让经济体的增长持续进行，就要合理配置在三个部门中投入的资源——资本、人力资本（熟练劳动）、劳动力。在这个模型中，研发部门生产的知识具有外部性，其社会收益以及给研发部门带来的私人收益是不一样的。罗默认为，要让研发持续进行，就要尽量消除私人收益与社会收益之间的差距。此时，引入专利、版权等激励手段是必要的。

看到最后这段话，相信大家也理解了保罗·罗默的内生增长理论的核心，他把知识和创意列为推动经济发展的重要因素。他强调，知识和创意拥有外部性的特点，与资本或劳动等要素相比，有规模效益递增的效果。

知识与创意是什么？不正是我们反复强调的无形资产吗？就拿连锁巨头麦当劳来说，它不靠食品赚差价，其品牌授权的运营利润率达 83%（2018 年）；众所周知的运动品牌、奢侈品品牌，也都是依靠着无形资产赚取高额的利润，再用这部分收益支持有形资产的发展与升级，形成经济的不断增长。

在连锁行业的整合洗牌中，我真心希望大家能够明白：只顾经营有形资产的门店，会越做越辛苦，很难实现经济的持续增长；只有经营无形资产，才能实规模效益的递增。

无本万利，万法归宗

连锁零售企业创新的本质，
是从有形资产的收益升级到无形资产的收益，
再把收益投入核心技术研发、产品创新中，
从有到无，再从无到有，循环往复的过程。

——逸马“万利连锁”

《道德经》云：“天下万物生于有，而有生于无。”保罗·罗默的“内生增长理论”告诉我们：无形资产能够创造更多的附加值，实现规模效益的递增。一个是东方的古代哲学，一个是西方的现代经济学，但究其根本，传递出的内容是一样的。

其实，哲学也好，经济学也罢，两者并不是独立存在的。相反，经济学研究是哲学的，而哲学研究也是经济学的。经济学的鼻祖亚当·斯密，首先是一位哲学家，而后才是经济学家；最先为他赢得声誉的作品是《道德情操论》，它先于经济学名著《国富论》而存在。

从古至今，无论东西方，哲学一直都是与经济学相伴而行的。从经济学的发展历程来看，“经济学”一词最早源自古希腊，出自古希腊哲学家色诺芬的《经济论》。色诺芬为人所知的是，他是古希腊哲学家苏格拉底的弟子。

我们对哲学的惯常定义是，世界观与方法论的统一。在哲学家抽象的大脑思维中，经济学自然无所不包地被它所涉及。可以说，哲学是所有学科的母亲，也是所有人、所有企业的底层逻辑。

著名作家陀思妥耶夫斯基说："写小说要懂一点哲学。"我现在想说："做连锁、学经济学，也不妨懂一点哲学。"哲学，不仅仅是让我们获得智慧的学科，更是一切学科的基础。

正因为此，在撰写这本书的过程中，我发自内心地想要做一件事，那就是建立"东学西苑"，与连锁联盟的志同道合者开展"游学"的活动，共同追寻几千年来仰望星空的先哲的足迹，领略浩瀚的思想。

这是一场浪漫之旅，一场心灵之约，更是一场读懂自我之行。我们需以先哲为师，从"根本上"构建伟大的境界，从"底层上"设计组织的真相。研古今，究东西，开启我们的人生哲学与企业经营哲学，实现思想上的开放，驱动企业的永续经营。

第十六课：人是万物的尺度

人的感觉怎样，事物就是怎样

世界是眼中的世界，

思想是眼中的思想。

——逸马“万利连锁”

国际投资大师罗杰斯曾经讲过，人应该读两种书，一种是哲学，一种是文学。因为只有从这两种书里，我们才能够感受到人性是什么。特别是在资本市场，最终较量的不是那些可以成书的投资技巧，而是人性的较量，是你对人性的感知力和把握力，导致你的决策与他人不同。

这不禁让我想起古希腊哲学家普罗泰戈拉的至理名言：“人是万物的尺度。”

简简单单的七个字，实则蕴含着深刻的哲理。它强调的是人的主体性。通俗一点来解释，即世界的存在、真理和规律，都以人的感觉为标准。

这番话用在商业领域，再合适不过了。时代一直在变迁，眼花缭乱的模式甚至令人焦急恐慌，但我们也说过，模式千变万化，本质的东西并未改变。而且，我们也愈发感受到了传统企业转型的大方向，恰恰就是返璞归真，回归商业的本质——以人为本。

这也是为什么我们在平台运营的部分一再强调用户体验的原因。商业的本质就是以人为本、为人服务，要带给用户优质的体验。至于其他的东西，都只是手段。离开了目的，手段就是“无源之水，无本之木”。换句话说，这不是一个“你说好就好”的时代，而是“用户说好才是好”的时代。商业未来的出路，就是要在人的需求上下功夫，在人的消费场景上下功夫，在商业的经营上下功夫，在优质的服务上下功夫。

从事连锁零售的朋友大都有体会，消费者决定着产品的成败，他们对产品的话语权越来越大，其口碑直接决定着产品的好坏。在互联网盛行的无界零售时代，每个人都可以发布信息，个体的声音再微小，也会被世界听到。消费者购买并开始使用你的产品，只表示产品成功完成了交易，但这只是一个开始。客户体验后的感觉怎样，产品是否满足了他们的使用需求和情感需求，才是决定产品命运的分水岭。

现代商业是物质与精神并存的双重创造，也是充满艺术与体验的情感历程。无论是虚拟服务，还是实体服务，在实现的过程中都要关注人的感受。未来，我们的连锁行业，更是要以用户为中心进行产品与服务的持续升级，不断地打磨产品与服务，以不变应万变，同时借力新的生产工具，构造连锁新范式。唯其如此，才能成为产业领袖和行业霸主。

衡量事物的标尺永远是相对的

人类社会就是一场接力赛。

不管中间发生了什么，

接力棒却一直在人类手中。

——逸马“万利连锁”

我们在前面提到了一个哲学观点：“人是万物的尺度。”那么，依照这个命题来说，这个世界上就不存在永恒不变的、绝对的衡量事物的尺度。毕竟，人、人所处的环境、人的需要，始终都处于变化中。因此，衡量事物的尺度也不是绝对的，而是相对的、变化的。

道理并不难理解。在物资短缺的时代，人们的需求很简单，只要能够吃饱穿暖、满足基本的生活需要就行了。所以，那时候衡量产品和服务的好坏，往往都落在功能上。可随着时代的变迁，物资短缺的时代已经彻底过去了，人们的需求开始升级，对产品和服务的要求也变得高了，买东西、享受服务不再只看重它的功能，还要考量它的外观、品牌、情感体验等一系列内容。因而，衡量产品好坏的尺度，就又发生了变化。

普罗泰戈拉在分析“尺度”的问题时，说过这样一番话：“风对于觉得冷的人来说是冷的，对于不觉得冷的人来说是不冷的。冷和热并不是存在着的东西，而只是根据对一个主体的关系而定；如果风本身是冷的，则它必须永远对主体产生冷的效果。”

普罗泰戈拉在这里强调的是，人对物的存在，以及物的存在、物的属性的一种个体化的理解和体悟。万物对人的意义，是物与人发生关联，也就是主体和客户产生交互运动时才能产生。仔细琢磨，这与我们上面讲到的商业领域中体验为王的观点，如出一辙。

普罗泰戈拉是古希腊的哲学家，“人是万物的尺度”也隶属于西方哲学，可当我们去翻阅中国古代哲学的书籍时，也会看到类似的观点，如《周易》里讲：“穷则变，变则通，通则久。”当事物发展到某一极点，变，就成了一种必然的趋势。

想想看，当同质化的产品越来越多，各行业市场达到近乎饱和的状态时，再用过去的经营理念和模式，还能带给消费者最初的良好体验吗？肯定不能。因为时代变了，环境变了，人们的需求也变了，因而衡量事物的尺度也就不同了。在这样的情况下，“变”就成了一种必然的趋势，而“变”的实质就是“复制 + 进化”，也可理解为“升级”。

在变革时代，我们的连锁企业经营者应当从一个冷静的视角去思量如何拥抱趋势，应需而动。消费者的行为在改变，需求在升级，衡量产品与服务的尺度也在变。面对新浪潮，我们不能迟钝，更不能盲从，只有回归经营本质，创造客户价值。这是一条必走的路，也是未来一直要走的路。

连锁联盟，占领高地

不知不觉，已写到了本书的尾声。其实，还有很多的内容想跟大家进行深度分享，但是碍于时间和篇幅的限制，只好就此落笔。就在即将告一段落之际，我还是决定补充这篇后记，与大家谈谈连锁联盟的话题。

德勤发布的《2017 全球零售力量》报告显示：中国实体零售商销售额从2014 年开始，就出现了大幅下滑，实体店步履维艰。不只是中国如此，美国传统实体零售商在过去的四五年里，也已经裁员 20 万人，甚至连西尔斯百货、梅西百货这样的零售巨头公司，也传来了闭店的消息。

可以说，多数传统实体零售业已经陷入四面楚歌的境地，人们愈发感受到实体零售的生存岌岌可危。很多人觉得，实体店做不下去就是因为经营不善。实际上，还有另一种可能，那就是通过闭店来进行整顿，为了更好地出发。

2016年，沃尔玛中国区关闭了13家门店。同年，沃尔玛又在中国开了24家新店，包括21家大卖场和3家山姆会员店。2017年，沃尔玛在中国新开40家门店，测试新的大卖场形态，并投入3亿元用于50家门店的升级改造。

沃尔玛一方面忙着线下扩张，另一方面还采取了新的举措，那就是与京东进行联盟合作，它旗下的山姆会员店和沃尔玛全球官方旗舰店，都将入驻京东。从关店到开店的调整，不仅让沃尔玛中国2017年第四季度的总销售额增长了5.4%，同时也推动了它销售增长的动力，为沃尔玛的发展带来了更多的回报。

事物不只有一面，我们要学会辩证地看待问题。透过沃尔玛这面镜子，我们可以看出，零售业的关店是有两面性的，要么是以失败者的角色彻底退出赛场，要么是重新调整战略，从其他地方或与其他品牌结成联盟，实现死而复生。后者，就是我们要谈的连锁联盟，它属于连锁联盟的萌芽阶段。

逸马集团的中联汇，实际上就是一种连锁联盟，它是颠覆传统的零售业商业模式，寻求联合发展的一种经营战略。可以说，这种商业模式是大企业的生存强

项，也是零售实体店生存发展的一个出路。就现在的零售业发展形势来看，实体零售的携手联盟，是企业的不二之选。连锁联盟意味着不断强大、强强联合、携手共赢，也能协助企业把品牌做大做强，这种模式更是抱团取暖、抵抗风险的有效途径。

中联汇以“链接一切连锁资源，助力连锁共赢未来”为使命，帮助不同发展阶段的连锁资源整合、跨界合作、打造同业及异业联盟，致力于推动10000家会员企业成功上市、打造100个百亿级连锁业领导品牌。

依然是那句话，这已经不是一个适合单打独斗的时代了，如果连锁企业仍旧孤立存在，不愿打破思维的束缚，不愿融入合作，无论是从风险的角度看，还是从长期发展的角度看，都可能无力招架激烈的市场竞争，更难以将品牌做大，稳固市场。未来，连锁联盟、强强联合会成为一种发展趋势，你中有我、我中有你，这将重新构建起新的商业模式。

让我们拭目以待，让我们携手共进！

让天下所有企业都连锁，帮助所有企业都成为领袖品牌。